# 高校学生公寓
# 文化建设研究

## ——以湖南城市学院为例

贺正宜 著

湖南大学出版社

·长沙·

图书在版编目（CIP）数据

高校学生公寓文化建设研究：以湖南城市学院为例/贺正宜著. —长沙：湖南大学出版社，2022.9
ISBN 978-7-5667-2652-0

Ⅰ.①高…　Ⅱ.①贺…　Ⅲ.①大学生—宿舍—文化—建设—研究—湖南
Ⅳ.①G647.63

中国版本图书馆 CIP 数据核字（2022）第 159311 号

**高校学生公寓文化建设研究——以湖南城市学院为例**
GAOXIAO XUESHENG GONGYU WENHUA JIANSHE YANJIU—— YI HUNAN CHENGSHI XUEYUAN WEI LI

著　　者：贺正宜
责任编辑：刘湘琦
印　　装：广东虎彩云印刷有限公司
开　　本：710 mm×1000 mm　1/16　　印　　张：9.5　　字　　数：201 千字
版　　次：2022 年 9 月第 1 版　　　　印　　次：2022 年 9 月第 1 次印刷
书　　号：ISBN 978-7-5667-2652-0
定　　价：38.00 元

出 版 人：李文邦
出版发行：湖南大学出版社
社　　址：湖南·长沙·岳麓山　　　　邮　　编：410082
电　　话：0731-88822559（营销部），88821327（编辑室），88821006（出版部）
传　　真：0731-88822264（总编室）
网　　址：http://www.hnupress.com
电子邮箱：395405867@qq.com

# 目　次

# 绪　论

## 一、研究的背景

随着社会变革进步和高等教育的飞速发展，学生主体地位不断凸显，以往以为学生简单提供一个床位为目标的住宿管理体制已无法适应现今需要。学生公寓已成为学生生活、学习、成长的重要场所，开展大学生思想政治教育、培养其优良品质的重要阵地，和谐校园建设的重要组成部分和当前高校学生工作的重要方面。

大学生公寓文化建设的研究是校园文化研究中一个崭新的课题。对这一课题的研究，从理论上讲，可以拓展校园文化研究的内容，促进对高校德育载体、德育环境的理论研究，从而在一定程度上丰富校园文化理论和高校德育理论；从实际工作上讲，这一研究可以为大学生公寓文化建设提供具体的对策与措施，为高校校园文化建设提供有益的参考，为推进高校后勤社会化提出建设性的意见，进一步完善高校后勤社会化的政策与措施，促进高校后勤社会化在更加健康和完善的轨道上推进，有利于进一步加强高校思想政治工作阵地的建设，优化德育环境，有利于更好地运用文化载体对大学生进行思想政治教育，努力实现培养"四有"新人的目的和高校的培养目标。

党的十八大提出，"全面建成小康社会，实现中华民族伟大复兴，必须推动社会主义文化发展大繁荣，兴起社会主义文化建设新高潮，提高国家文化软实力，发挥文化引领风尚、教育人民、服务社会、推动发展的作用"，把文化建设推向了一个新的高度。党的十九届五中全会提出推进社会主义文化强国建设的战略任务。文化是一个国家、一个民族的灵魂。文化兴国运兴，文化强民族强。没有高度的文化自信，没有文化的繁荣兴盛，就没有中华民族的伟大复兴。因此，我们要坚持中国特色社会主义文化发展道路，激发全民族文化创新创造活力，建设社会主义文化强国。

随着高等教育改革的发展、高校后勤社会化的推进，不仅大学生公寓数量迅速增加，而且已有大学生公寓实行多校共用或社会化的管理模式，但是大学生公寓文化的育人作用没有引起足够的重视。同时，新时代的大学生思维活跃，崇尚现代物质文明，价值选择多元化，自我实现意识强烈，常常以异类思维挑战"庸众"思想，致使大学生公寓文化带有强烈的时代标记。大学生的挑战意识和创造力，加速大学生的社会化进程，但也使一些大学生出现政治信仰迷茫、理想信念模糊、价值取向扭曲、人文精神匮乏、道德观念弱化、诚信意识淡薄、社会责任感缺乏、艰苦奋斗精神淡化、团结协作观念较差、心理素质欠佳等问题。姜玉洪等以黑龙江省在校大学生为例调研发现，大学生存在网络依存度高、欠缺对网络的正确认知、自主学习意识差等问题，这些都应该引起足够的重视。大学生公寓文化是学校人才培养的重要载体，是大学生思想政治教育的前沿阵地，是大学生第一课堂的重要补充，可以帮助大学生树立正确的世界观、人生观、价值观和发展观。因此，加强大学生公寓文化建设，有助于全面推进大学生素质教育，培育中国特色社会主义事业建设者和接班人，从而为实现中华民族伟大复兴的中国梦增添助力。

校园文化是师生在特定环境中创造的与社会、时代密切相关具有校园特色的人文氛围和校园精神，是一种特殊的社会文化，它在发展过程中汲取社会主流文化和其他亚文化的精华，进一步完善、创新和发展。在中国知网中查阅到17 711篇关于校园文化的研究论文，其中硕博论文462篇，研究内容广泛，但涉及大学生公寓文化方面的研究非常少。

宿舍文化是校园文化的一种亚文化，以宿舍成员共同建立和长期形成的价值观为核心，是宿舍生活中的群体意识、行为规范和价值标准等反映和传播的各种文化现象的总和。在中国知网中能查阅到981篇关于宿舍或公寓文化的研究论文，其中硕士论文23篇，研究内容主要围绕宿舍功能发挥、育人作用等。宿舍文化是以同性别为基础，融合不同的民族、信仰、专业等，依附于宿舍载体的文化。与公寓文化相比，宿舍文化只是公寓文化的一个"细胞"，是公寓文化的重要组成部分和有益补充。而且，随着大学生的毕业离校，本宿舍特有的优秀文化随之消失，不具有传承性和可持续性。

班级文化也是校园文化的一种亚文化，是班级气质和班级修养的综合体现，以相同专业为基础，融合不同的性别、民族、信仰，由此形成独特的能够被全体班级成员认可和坚持的价值观念、思想作风、行为准则、学习风气和学习环境的总和。在中国知网中能查阅到 1 318 篇关于班级文化的研究论文，其中硕士论文 56 篇。与公寓文化相比，班级文化具有较强的专业性，能够促进大学生公寓文化的丰富与繁荣，但不能满足大学生对公寓文化日益增长的文化需求。

湖南城市学院自第三次校党代会以来，全面深化改革，人才培养质量明显提升。2017 年 10 月，时任学校党委书记罗成翼深入学生公寓督查学风建设并召开座谈会，提出要把学生公寓作为开展学生思想政治工作的主要阵地，按照"文明整洁、学风优良、和谐互助、安全有序"的十六字方针，开展"六进"工作，即"思想引领进公寓、优良学风进公寓、文明养成进公寓、党团组织进公寓、心理辅导进公寓、自我管理进公寓"。学校先后出台了《学风建设八条规定》《关于进一步严肃学生学习纪律的有关规定》《进一步加强学生公寓精细化管理的规定》等管理制度文件。通过多年的实践与探索，"六进公寓"成为该校开展大学生思想政治教育与管理工作的有效抓手，实现了"教育到人头、管理到床头"的目标，在高校思想政治工作中有一定的影响和示范作用。

# 二、国内外文献综述

## （一）国内公寓文化研究现状

随着高等教育体制改革的不断深入，原有的后勤体制被高校后勤社会化所取代，新的体制下暴露出许多新的问题。大学生公寓作为学生的第二个家，是学生步入社会前的历练场所，随着大学生公寓文化的发展，高校对公寓文化育人工作的重视程度一再提高，其研究现状如下。

### 1. 关于大学生公寓文化产生背景、内涵及构成的研究

大学生公寓文化作为校园文化的附属文化，从其产生之时就已经潜移默化地影响着学生的发展。20 世纪 90 年代开始，随着中国高校大规模扩招，公寓文化作为一种更加显著的力量在大学生学习、生活上发挥着重要作用。

在公寓文化的定义和内涵上，程振华在《公寓文化环境的营造》中指出

"公寓文化是以学生为主体,以公寓精神文化为核心的一种群体文化,强调公寓精神文化对学生发挥的重要作用";曹树江、张萍等人强调了大学生公寓文化中物质环境所形成公寓的客观条件,同时表明公寓文化包含硬件和软件两个方面,把公寓文化总结为在学生从事各种活动时形成的物质环境和文化氛围。

在高校公寓文化的构成上,2005年,蔡景华在《高校学生公寓文化建设的思考》一文中把高校公寓文化分为物质、精神以及管理三种文化。2009年,汪润的硕士论文《高校学生公寓文化研究》把公寓文化分为物质文化、制度文化、精神文化、行为文化四个部分,相比蔡景华的文章,其进行了更深层次的结构分析。2013年,李梅、薛颖的文章《"90后"大学生公寓文化建设探析》指出"大学生公寓文化的定义是指大学生在比较长期的宿舍生活过程中所形成的关于大学生物质生活、精神以及行为等方面的文化",进一步详细地对行为文化进行定义,但对网络文化的形成和发展涉及较少。2021年,陈虹菲在《高校公寓育人模式探索——以浙江万里学院为例》中指出"高等教育的根本任务是立德树人,高校公寓作为学生课余生活的主场地,理应发挥其独特的育人作用",分析浙江万里学院公寓育人现状,并根据对在校师生的调研,就目前存在的问题提出三点建议以提高公寓育人能力:一是提高公寓管理队伍素质,定期对公寓管理人员进行培训考核;二是加强公寓物质文化建设,拓宽公共文化活动区域;三是引进多方面人才,开展丰富多彩的公寓文化活动。2022年,顾恒铭在《高校学生公寓文化育人实现路径研究》中指出:"随着社会的发展,高校学生的思想也发生了较大的变化,学生公寓是学生的重要生活场所,需要做好高校公寓文化建设和育人工作。高校公寓文化在育人过程中要充分利用先进的理念,探索高校学生公寓文化育人新的发展道路,促进学生综合素质的提高。"

## 2. 关于大学生公寓文化育人功能的内容及特点的研究

谢瑞军在《学生公寓管理的育人功能》一文中指出"高校学生公寓管理中的育人功能分为管理育人、文化育人和服务育人三个层次",重点强调了公寓文化育人的理念。在姜晓洁的硕士论文《高校学生公寓育人功能及其当代发展研究——以武汉地区某高校为例》中从理论及实际两方面出发,通过数据分析,进一步发现"学生公寓育人的服务育人理念产生于人性化物质条件,管理育人理念产生于科学制度建设,文化育人理念产生于多样化文化发展",

并从导向功能、约束功能、熏陶功能及创新功能四个维度分析了大学生公寓文化的育人功能。张加亮、石旭明、陈福喜等人把公寓文化育人功能细化为导向辐射功能、心理调适功能、约束规范功能、养成教育功能、凝聚激励功能五方面，后者进一步分析了其功能所具备的德育导向价值、交流启智价值、凝聚规范价值、性情调适价值。丁笑生在《大学生思想政治教育工作实践与探索》中把公寓文化具体为六种育人功能：教育导向、凝聚激励、心理调适、怡情陶冶、规范约束、传承创新，并强调了大学公寓文化的传承与创新功能发挥的重要作用。

**3. 关于大学生公寓文化育人功能的实现途径的研究**

姜晓洁的硕士论文《高校学生公寓育人功能及其当代发展研究——以武汉地区某高校为例》从理论及实际两方面分析了育人功能发挥时遇到的问题，并指出了高校公寓文化育人功能当代发展的对策——提升公寓管理水平、细化安全管理制度和加强公寓文化建设；谢瑞军在《学生公寓管理的育人功能》中指出，我们应研究目前的新情况，更新思想观念、变革管理体制、引入竞争机制和吸引学生助管等；王伟、聂风华、续智丹的文章《本科生学生公寓文化建设的体制与机制初探》也指出建立健全大学生公寓的工作体制，同时表明制度实施后的评估体系的完善作用，强调了评估体系的回馈作用对大学生公寓制度文化建设的重要性；陈雪红、甘霖等人则提出构建学生公寓文化的主体参与体系，建议大学生公寓应坚持以学生为中心，实行更人性化的管理。

综上所述，我国对大学生公寓文化的研究一般从管理育人、文化育人和服务育人三个方面展开，对大学生公寓文化育人功能也有较为详细的分析。但笔者通过搜索和阅读发现相关文献大多研究校园文化对学生的教育功能，而对学生公寓文化育人功能探索的文章相对较少，这表明了大学生公寓文化与大学生教育的关系还没有形成完备的理论体系，且研究大多从教育管理出发，对学生主体的重视程度还远远不够。我国对大学生公寓文化的研究应该跟随时代的发展，不断创新研究视角，发掘新的优化路径，达到全员、全程、全方位育人的新局面。

综观近年来的已有成果，学界对该问题的研究主要集中在以下方面：第一，大学生公寓文化建设的必要性和紧迫性。乜慧英、孟德洋在《高校学生社区（公寓）文化建设研究》一书中从高校社区精神文明建设、物质文化建设和管理文化建设三个方面结合案例，指出了目前大学生公寓文化建设中存在的问题，并且重点论述了组织机构创新和校园文化创新的不足，强调了高校学生社区（公寓）文化建设的必要性；丁笑生在《大学生公寓文化建设研究》一文中认为"随着时代的发展、高等教育的改革、大学生呈现的新特点，越来越凸显大学生公寓文化对大学生健康成长成才的重要作用，迫使我们必须寻求新的理论认识和实践方式，以促使大学生公寓文化建设符合时代的特征、先进文化的要求和学生的合理诉求，从而提升大学生公寓文化的育人作用"，从观念、管理、环境三方面分析了加强大学生公寓文化建设的紧迫性；周英的《现代化背景下大学生宿舍文化现状研究》阐述了要紧跟时代要求，在现代化背景下发展大学生宿舍文化建设的必要性。第二，大学生公寓文化建设与思想政治教育的关系。张姗姗的《大学生公寓文化的思想政治教育功能研究》主要论述了大学生公寓文化的思想政治教育功能，指出了公寓管理制度不合理、文化氛围不浓、思想政治教育工作缺位等问题；陈琳的《思想政治教育视角下大学生宿舍文化建设研究》、黎媛的《思想政治教育视域下的大学生公寓文化建设研究》以及周悦的《论高校宿舍文化的思想政治教育功能》都是从大学生公寓文化对思想政治教育具有促进作用角度进行研究的。第三，高校学生公寓文化建设的制约因素分析与对策思考。冯荣在《高校思想政治教育工作进公寓的现状及对策研究——以浙江省台州地区高校为例》一文中，以浙江省台州地区高校为调查对象，探讨了高校思想政治教育工作进公寓的制约因素，并提出了相应的解决对策。第四，大学生公寓文化建设的基本途径。杨爽、徐嘉的《高校公寓文化建设途径探析》提出了建设和谐公寓文化的四个途径，即美化公寓内部环境、"公寓文化节"营造浓郁的公寓文化氛围、发挥大学生骨干在公寓文化建设中的重要作用、建立健全公寓管理的各项制度；毛永强、王晓芳的《新时期大学生公寓文化建设的有效途径的思考》指出，学生公寓文化建设必须把握好"感性与理性教育相结合、制度与服务相结合、活动与竞赛相结合、导员与公寓管理人员相融合"的原则，让学生自愿地配合公寓管理人员进行大学生公寓文化建设。第五，从和谐校园构建、德育或素质教育等视角探讨大学生公寓文化建设问题。谢秋英、彭复生在《高职院校和谐公寓建设的实践探讨——以闽西职业技术学院电气工程系和谐公寓建设为例》一文中分析了高职院校公寓中存在的不和谐因素，并提出了解决策略。显然，这些成果为本课题的研究奠定了坚实的基础。

　　但是也应该看到，已有成果存在一些明显不足，主要表现在：第一，对作为公寓文化建设的主体——大学生本身研究不够。比如，"90 后"大学生和"00 后"大学生、综合性大学的大学生和专门性大学的大学生、名校大学生和高职大学生、发达地区高校学生与贫困地区高校学生，他们在思想认识、行为习惯方面的较大差异被研究者忽略了；第二，对开展文化建设的场所——大学生公寓本身研究不够。校内大学生公寓与校外大学生公寓、实行社会化管理的大学生公寓与仍然由大学自己管理的大学生公寓、处于大学城的大学生公寓与处于本校区内或附近的大学生公寓，以及现在的大学生公寓与过去的大学生宿舍，这些具体情况的不同决定了大学生公寓文化建设的体系构建、路径选择等的不同，这是现有成果中所没有注意到的；第三，研究视野不开阔。大学生公寓的文化建设，关乎和谐社会（不仅仅限于和谐校园）的构建、党的教育方针政策的贯彻落实、社会主义事业接班人的培养、不同区域文化的融合等问题，涉及学校各个部门、学校同其他单位、学校与家长之间的协调配合，并需要借鉴西方国家高校学生公寓文化建设的经验等。现有成果在这些方面明显观照不够，因而难以跳出学校教育和校园文化建设这个范围；第四，研究方法比较单一。大学生公寓文化建设研究，不能囿于传统的思想政治教育研究或一般的文化建设研究的方法，而应该综合运用社会学、心理学、管理学、政治学、文化学、教育学、公共关系学等学科的研究方法，开展调查研究、比较研究；第五，低水平、重复性研究比较普遍。仅从发表的期刊论文的题名来看，"浅谈""初探""浅议""浅析"者着实不少。究其原因，一是本领域研究毕竟起步较晚，短时间内难有高水平成果；二是从事大学生公寓管理服务工作的人虽然实际经验丰富，但理论研究水平不高，而从事文化建设研究的人虽然理论水平相对较高，但实际经验又明显缺乏。

## （二）国外公寓文化研究现状

　　与国内相比，西方学者也非常重视校园文化环境的熏陶作用，但由于文化的差异性，国外高校与国内高校在学生后勤工作上存在很大的差别，加上国外多数大学生一般不在学校住宿，所以没有特定的关于大学生公寓文化研究的文献，但国内部分学者对于国外后勤与我国后勤工作的不同之处做了研究，具有一定的参考价值。

### 1. 关于大学生公寓文化的研究

美国著名哲学家、教育家约翰·杜威在他的书《我的教育信条》中指出"每一门学科、每一种教学方法，学校中的每一偶发事件都孕育着培养道德的可能性"。简言之，学校的课堂生活和课后活动都对于学生的道德教育有不容忽视的影响，学生的教育可以通过教材和教学方法来进行，也能够通过学校生活来实现。

哈佛大学传奇院长亨利·罗索夫斯基也曾指出公寓文化在学生的性格养成、学术兴趣、价值取向等方面都发挥着重要的作用。李繁友主编的《剑桥深呼吸》中曾谈道："剑桥没有大门，没有围墙，没有篱笆，它和剑桥镇和整个英国社会完全融合在一起，其每一栋建筑，每一座桥梁都向社区居民免费开放，剑桥塑造的校园文化环境的氛围使其学生在知识的获取和生活能力、适应社会能力等方面获得同等发展。"我国关于中外大学生公寓文化对比的研究也有许多。李玉民在《国外大学生住宿及思想政治工作典型经验的研究》中对中外大学生住宿文化进行比较研究和分析发现，国外大学生公寓文化相对我国而言更看重"渗透性"而非强制性。蔡红生主编的《中美大学校园文化比较研究》一书分别对中美大学校园文化的基本主体、主要内容和主要载体进行比较研究，作者提出的中国特色大学校园文化建设的理想选择模式给公寓文化的建设带来了新的启示。

### 2. 关于大学生公寓文化育人功能的研究

美国大学人事协会和全国学生人事管理者协会在《学生事务有效运行的基本原则》中强调了校园社区建设、后勤管理对于学生发展指导的重要性。英国剑桥大学副校长安娜·朗斯黛尔女士也曾说过："我们相信，优秀的学生应该在一个研究氛围活跃的环境中接受教育和进行学习，教师自己应该站在其专业研究领域的前沿……这种教学、科研融合的观念已深入到像在剑桥这样的大学工作的人们心中。"虽然没有单独强调学生公寓文化，但是也说明了文化环境所具备的育人功能。刘洋在《住宿学院与耶鲁大学的学生管理》一文中写了美国耶鲁大学学生公寓的管理方法，指出国外大学的学生公寓更加注重学生自主性及积极参与性。耶鲁大学的住宿学院制培养了公寓成员的家庭归属感，发挥了公寓文化的育人功能，也能作为优化我国高校公寓文化管理模式的借鉴。刘虹、张端鸿的文章《中美综合性大学住宿学院制度比较研究——以耶鲁大学和复旦大学为例》通过详细对比耶鲁大学和复旦大学的住宿管理机制，发现多数世界一流的综合性大学都选择了住宿学院模式作为培养学生的主要方式，强调了餐饮、运动、图书馆、艺术室等硬件设施的建设在学生课余时间发挥的重要作用。国外的学生住宿管理机制有许多值得我们借鉴的地方。

此外，国外推行导师住进学生公寓。王盈、艾方林在《美国大学教师尝试住进学生宿舍》中提到美利坚大学国际服务系教授约翰·里查森说的一句话，对于一位老师来说，除了教给学生知识，还要尽量多地掌握和了解学生的想法。这位教授通过入住学生宿舍，了解到学生身上更多的信息，这对于他教育学生发挥了非常大的作用；茹宁在《剑桥大学的住宿制和导师制》中也提到，英国剑桥大学会为每位学生分别配备一名生活导师和一名学习导师，注重导师和学生的面对面交流，增加师生交流的机会，促进学生综合素质的养成。这些文献在一定程度上都表明了导师与学生的沟通交流下的育人管理相比非专业管理人员的硬性管理更具有优势。

### 3. 关于高校后勤管理模式的研究

随着经济的快速发展，国外高校在后勤方面发展较快，特别是西方发达国家，在原有建设的基础上，有了进一步的发展。在对国外后勤发展的研究中，我们发现国外的后勤多根据自身高校的传统和当前的发展需要，呈现出多样的管理模式。其中，比较典型的后勤运作方式主要有 3 种模式，分别以法国、美国和日本为代表。从参与的主体来看，主要有国家主导型、学校主导型、师生协作型等，这些不同主体为主的主导模式，直接体现了国外高校后勤管理模式中的主导力量，对于把握和研究国外高校后勤管理模式提供了一定的视角。

（1）国家主导型的高校后勤管理模式。国家主导型的高校后勤管理模式的显著特征就是国家作为权力主体直接介入高校后勤管理当中，国家在其中扮演着主导者的角色。例如法国的大学事务中心、德国的大学生服务中心管理机构等。这些机构都是国家作为主体，通过一定的法律程序确立的，具有政府性质。一般情况下，国家通过法律程序将这些机构进行法人资格化，如法国通过法律的形式将大学事务中心定性为具有行政性质的国家公立机构。德国政府也通过联邦的立法，在法律层面将大学生服务中心的性质直接认定为具有独立法人资格、公益性质的社会团体组织。这些机构主要负责人的任命也由国家直接决定，如法国的大学事务中心，从整体上来看，分为国家和地区两个层级，国家层级主要是起到领导的作用，其职能是帮助、指导并检查下一级的地区事务中心工作，地区事务中心对国家直接负责，其负责人由国家直接任命，后勤中心工作人员属于国家公务员，工资由国家统一发放，拿固定工资，不与后勤中心经济效益挂钩。在经营方式上，德国和法国的后勤中心都是自主经营，不以追求利润为目的，并享受国家的财政补贴。在基础建设和所有权的归属上，基础建设如学生公寓、餐厅及其他服务设施等均由政府公共资金投资建设，其所有权归国家。

（2）学校主导型的高校后勤管理模式。以学校为主导的高校后勤管理模式的突出特征就是高校后勤管理的主体是高校自身，直接由校级领导负责高校后勤的日常管理和运行。如英、美国家的大部分高校根据本校的后勤规模和需要，一般会设置1名或若干名副校长直接负责后勤管理事务。高校的基础设施建设一般是由高校自身筹建，如高校的教室、学生公寓以及学校餐厅等，这些固定资产所有权归高校。在机构设置方面，学校主导型的高校后勤管理模式一般根据高校的需要自主设置服务机构，如英国学校主导型的高校一般设置有教学、总务、财务、基建、人事和安全6个处。在美国，一些比较正规、规模比较大的高校，在高校的整体人员安排上，除了设置直接负责教学工作的副校长外，设置的其他副校长都会承担学校后勤的相关事务，并在副校长的下面设置不同级别的负责高校日常管理的职位。如美国的宾夕法尼亚大学，在学校的后勤管理方面，除设置分管副校长外，还在下一级的机构上设置教务长，由教务处长负责主持日常工作，而高校后勤的相关事务则有由副教务长或教务长助理负责。其后勤人员的构成主要包括正式后勤服务工作人员、社会上各个合作企业的工作人员以及勤工助学的学生。在经营方式上，它们都是自主经营，不以追求利润为目的。

（3）师生协作型的高校后勤管理模式。师生协作型的高校后勤管理模式的突出特征就是高校后勤管理的主体是本校的教师和学生，高校师生通过协作的方式共同推进高校后勤管理。如日本的高等学校根据日本的《生协法》，由高校的师生共同组成高校后勤管理协会，在这个协会中，高校师生共同入股，即"消费生活协同组合"，简称"生协"。在日本的大部分高校里面，高校根据自身的情况，制定相应的章程，由在校师生组成自我服务的具有合作性质的社团组织。从人员设置上来看，日本积极鼓励高校的师生都参加到"生协"

当中去，在主要负责人的安排上，通过聘用制的形式聘请能力较强的人负责日常的经营管理，经营管理者对高校师生负责。从日常运作来看，日本高校为加入"生协"的师生颁发证件，持有证件的师生在就餐时享受一定的优惠。这种方式使更多的在校师生都能加入"生协"，有助于融洽学生和教职员工的关系，团结高校的全体力量，共同发展"生协"。

### 4. 关于高校住宿模式的研究

当前，国外高校的住宿形式主要有两种，一种是寄宿制，另一种是寄宿与校外租赁的混合制，混合制从发展历程来看是根据时代发展演变而来的。

寄宿制的存在大多与一定的历史因素具有联系，与原来的高校住宿模式具有很深的渊源。寄宿制学院（college）源于法国的高校，其最早可以追溯到中世纪的巴黎大学。随着时代和社会的不断变化，这种住宿模式也经历了一个发展和演变的历史过程。这种模式的产生与当时巴黎大学的生源来源具有一定的联系，如早期的巴黎大学艺学院的学生，大部分是未成年人，他们偏向于与来自同一个地区的同学结伴住宿，他们共同租下一个可以住宿的地方，一般他们称这些地方为"会馆"。然而，并不是所有人都能够支付起这笔费用，一些家境较为贫困的学生一般不能够支付"会馆"的开销，他们只能选择寄住在一些有善心之人所建立的客栈中。而这些初期的客栈，由于使用量较大，且得益于特殊的捐赠，逐渐成为当时最主要的学生寄宿处。当然，这种住宿方式是由某个财团或特殊人士所设立、援助和支持的，有的客栈不仅聘请专门的教师来辅导学生的学习，后期由于有一定经费，还建立起自己的图书馆。正如涂尔干指出的："由于寄宿制学院拥有更优越的条件和更规范的训练，那些原先居住在同乡会会馆的学生或者是单独租住在某处的富家子弟，也愿意自己支付膳宿费用并被准许进入各寄宿制学院，附属于巴黎大学的各寄宿制学院因此得到快速发展。以至于那些非寄宿制学院所聘请的教师，为方便学生也要到各寄宿制学院去授课。寄宿制学院已完全成为巴黎大学的主宰。在寄宿制学院里，学生除了可以找到吃住的地方，还能获得他们要求的所有教育。"

随着寄宿制在法国的不断发展，其他国家的大学也有颇多设立寄宿制学院的情况，但是发展过程并不顺利。如在英国，早期大学设立寄宿制学院的情况只能算是个案，而非普遍现象。除了几所古典大学外，直到二战后，新设立的几所大学才逐渐设立改良的寄宿制学院，但是这种寄宿制的形式和功能都与牛津大学、剑桥大学的寄宿制学院相差甚远。在寄宿制学院的起源上，英国与法国具有很大的相似之处，寄宿制学院前身乃是私人捐赠或者是具有一定资金支持的贫寒子弟的校外宿舍。因此，这种寄宿制学院的功能设立与捐赠者的意愿及其拥有的资产具有直接联系。寄宿制学院与学科性院系相比，具有其内在的独特价值。与学科性院系相比，寄宿制学院不仅提供膳宿，而且是传承传统博雅教育理念的重要方式，在这个过程中，寄宿制学院以博雅教育为核心，通过对学生学业与品格的指导、集体活动与仪式的熏陶等方式来培养博通人才。

随着时代的快速发展，这种寄宿制也被美国的高校所沿用。如美国的哈佛大学、耶鲁大学，这些高校的住宿学院与早期英国牛津大学、剑桥大学的寄宿制一脉相承，这与美国的历史具有一定联系。美国作为英国的前殖民地，很多模式都受到英国的影响，包括高校的寄宿制模式。一战以后，受到哈佛大学和耶鲁大学寄宿制模式的影响，美国高校普遍开展了兴建学生宿舍的运动。哈佛大学的学舍使"学生们从相互间学到的东西比从教师那里学到的东西还要多……作为一个群体，给每个成员的成长提供了无与伦比的机会"。学生事务专家米勒对学生住宿提出了三个目标：第一，为学生提供身体休息的地方，即一个比教室和图书馆更加舒适的地方，以供学生吃饭、睡觉。第二，为学生提供学术交流的场所。第三，通过宿舍管理人员帮助学生纠正行为，提高学生个人修养。另外，她认为住宿可以提高学生公共交往的能力。在这场运动中，美国的很多高校充分认识到，学生宿舍不仅是学生日常生活的场域，更是促进学生学习和思考的地方，学生通过参与相关的课外活动，有利于增进对集体生活的适应和促进社会公德的发展。

寄宿与校外租赁的混合制主要是为了适应社会的快速发展和学生的实际需求而采取的管理模式。当前，国外的大学一般都是开放式的，在住宿方面，国外高校一般都不会强制性地要求学生住宿舍，住宿形式以走读为主。如英国高等学校规定一、二年级学生全部住校，三、四年级学生自找宿舍，英国的学生一般选择在校的宿舍居住或在校外私人出租的房屋住宿，学校学生宿舍住宿生的比例约为 10% ~ 30%。德国大学生服务中心也只能解决 7% ~ 12% 学生的住宿问题。在日本，只有少数学校为解决初到日本的外国留学生语言不通问题而修建了少量的学生宿舍，如立命馆大学规定学生入住宿舍需要写申请，只允许住一年，一年后自行到校外租房。法国由大学生事务中心提供住宿的大学生每年约有 7.5% ~ 10%，其余学生住房通过租借社会上的房屋解决。

目前，从国内外研究的现状来看，国内公寓文化的研究者不断赋予大学生公寓文化新的内涵，认识到公寓文化建设存在的问题，积极探索解决公寓文化建设的策略和方法，取得了一定的学术成果。但国内外研究还存在许多不足之处：一是具有系统认识的研究比较少，一些成果多是以个案为例或以某点为载体的工作经验总结，尚未形成完整的公寓文化理论体系，缺乏系统性和完整性。二是具有指导实践意义的理论研究比较少，一些研究成果停留在理论层面上，缺乏指导性和操作性。三是具有现实性的问题研究比较少，一些研究成果没有结合时代的发展和学生的特点，缺乏针对性和有效性。四是如何发挥公寓文化育人作用的研究比较少，引导学生主动认知、激发学生情感共鸣、增强学生心理认同、促进学生行为表现等没有具体路径，缺乏时效性和持续性。五是公寓文化建设评估的研究还没有学者提出。与国内公寓文化研究者相比，国外学者虽未对大学生公寓文化建设进行全面系统的研究，但国内学者对国外大学的住宿学院模式、社团模式的研究，尤其是国外教授、导师经常在公寓与学生"面对面"交流对学生的成长成才的研究，取得了较有影响力的学术成果，为大学生公寓文化建设提供了重要的理论基础。不同时期、不同民族、不同国家对大学生公寓文化的内涵和内容的理解不尽相同，而且由于民族文化的独特性而形成不同文化的心理特征，尤其是西方文化与我国传统文化差异较大，有别于我国国情，因此，尚需探索适合我国国情的大学生公寓文化理论体系与实践模式。

综上所述，由于资料和个人能力的限制，笔者只搜集到少部分国外著作和国内学者对国内外高校公寓文化对比研究的文章。从这些文献中可以看出，国外高校学生公寓与我国高校学生公寓在文化上有明显的差别，虽然国外大学生公寓数量较少，但更加重视公寓文化对学生的渗透教育作用，在管理模式上偏向社区化的自主管理，这对于我国公寓逐渐向社区化发展有一定的参考价值。此外，国外在学生公寓文化的研究上多从学生本身出发，更注重学生的需求，这也是我国在研究公寓文化育人的相关问题时应当借鉴的地方。

# 三、研究的意义

## （一）有利于构建高校学生公寓文化建设的理论体系

社会的发展、时代的变革、高等教育的改革，不断赋予大学生公寓文化新的内容。但目前大学生公寓文化建设的理论研究与实践应用脱节，为了研究而研究，甚至东拼西凑、脱离实际或跟不上时代的发展，不能满足大学生对公寓文化日益增长的需求。本书将分析公寓文化建设的现状及发展趋势，深入研究潜藏在表象背后的本质问题，探讨公寓文化建设存在的问题和制约因素，分析大学生公寓文化建设的功能和作用等，着力从大学生公寓文化建设的目标、原则、内容、途径和评估等几个方面，构建大学生公寓文化建设的理论体系，发挥公寓文化建设的育人功能，从而更好地促进大学生健康成长成才。

## （二）有利于为高校学生公寓文化建设提供实践对策

加强大学生公寓文化建设是高校校园文化建设和大学生思想政治教育工作面临的新课题。如何建设大学生公寓文化和有效发挥公寓文化育人作用也是高校亟待解决的问题。本文理论研究与实践应用相结合，着力构建大学生公寓文化建设的理论体系和评估体系，促进大学生公寓文化建设的可持续性，为大学生公寓文化建设提供理论依据和实践参考，从而实现大学生自由而全面发展。

## （三）有利于丰富高校文化育人的理论研究

加强高校公寓文化建设的研究有利于从公寓的角度丰富和拓展高校的校园文化，有效丰富和发展校园文化的内涵，不断拓宽高校文化育人的研究领域，丰富德育和思想政治教育的理论体系。同时，开展高校学生公寓文化建设研究，为推进高校大学生德育建设研究提供了理论依据。

## （四）有利于提高大学生的综合素质

通过加强高校公寓文化建设，不断完善高校公寓文化建设的运行机制，做好虚拟公寓空间工作，有利于通过大学生所熟悉的生活化的场景，在潜移默化中提高大学生的综合素质，使大学生树立正确的价值观念，养成良好的行为习惯，形成良性的人际关系，进而营造良好的校风，推动高质量的思想政治工作的开展，促进高校校园文化的繁荣发展。

# 第一章　高校学生公寓文化建设的理论基础

## 一、高校学生公寓文化建设的理论指导

公寓文化作为一种特殊的文化载体，与校园文化、社区文化等一样，具有传播信息的功能，对人的行为具有导向作用。众所周知，大学生公寓的居住群体是由文化层次高、思维活跃、文化品位高、个性鲜明的学生群体所构成，积极、健康、高雅、清新的风貌奏响了公寓文化的主旋律。但大学的开放性导致大量良莠不齐的信息充斥校园，使得在主流校园文化传播的同时，大学生公寓文化中出现了"灰色部分"，一定程度上污染了公寓的精神环境。所以大学生公寓文化建设要发挥公寓文化引导力的功能，传播积极、健康的信息，捍卫好大学生的精神家园，使大学生能够健康成长。

### （一）马克思、恩格斯关于文化的思想

人的自由全面发展是思想政治教育的根本宗旨，也为马克思、恩格斯所深切关注。在马克思、恩格斯看来，文化是人的本质性存在，人的解放与文化发展相辅相成，人的精神动力推动文化发展。虽然他们没有专门阐述过"文化育人"，但他们关于文化与人的本质、人的解放、人的精神动力等方面的思想理论都是文化育人的重要理论基础。

#### 1. 文化是人的本质性存在

马克思和恩格斯虽然没有对文化进行专门和系统的阐述，但是他们对文化却有着深刻的理解和准确的把握。在他们的理论文本中对"文化"这一概念具有多重角度的解读和使用。从狭义的层面上看，他们把"文化"理解为经

济基础之上纯粹的精神意识形式，强调文化的非物质性，即精神性质。他们认为在考察生产变革时，要考察"意识形态的形式"。从广义的层面上看，马克思、恩格斯把"文化"理解为文明形态，把"文明形态"与"人类社会发展总体"紧密联系在一起。马克思批判粗陋空想的共产主义和社会主义是"对整个文化和文明的世界的抽象否定"，恩格斯指出"文化上的每一个进步，都是迈向自由的一步"。在他们看来，文明作为人类生活方式和内容的统一体，除了精神因素以外，还包括物质因素和制度因素。但无论是狭义的还是广义的文化概念，马克思、恩格斯所强调的都是人类社会发展的自觉的理性文化精神。这种自觉的理性文化精神体现在人的社会历史生活和现实活动之中，在人的对象化活动中生成。在他们看来，文化与人密不可分，文化以人为主体，是人在对象化活动过程中形成的"人化的自然"和"自然的人化"，表现为人类实践活动本身以及这种活动的方式及其成果的总和。文化是人的本质力量的对象化。

对于人的本质，马克思、恩格斯从实践观和唯物历史观的立场出发，深刻揭示了其内涵，进而揭示了人作为文化主体所具有的实践创造性。人的本质主要体现在以下几个方面。

第一，人的本质在于人的类特性，在于主体实践性。马克思指出"一个种的整体特性、种的类特性就在于生命活动的性质，而自由的有意识的活动恰恰就是人的类特性"，人通过"劳动"来体现人的"类本质"，证明人是有意识的类存在物。他说"人的真正本质在于劳动，在于劳动活动、实践活动这些物质的感性活动"，人的"全部社会生活在本质上是实践的，人应该在实践中证明自己的思维的真理性"。在他们看来，人的本质就在于社会实践，实践就是检验真理的标准。

第二，人的本质在于人的社会性，在于现实性。马克思从现实的人与人的社会关系入手，科学地揭示了人的根本属性是其社会属性，人的本质是一切社会关系的总和，他说"人就是人的世界，就是国家，社会"，人的本质不是人的"肉体的本性，而是人的社会特质"，从前的一切唯物主义的主要缺点是不把人"当作感性的人的活动，当作实践去理解"。在马克思看来，不能抽象地、片面地理解人，而要从人的社会特质去理解人，人是现实的、具体的，是活生生的人。马克思、恩格斯着眼于现实人的存在和发展，科学地揭示了人的现实性的内涵。他们认为"人们的存在就是他们的实际生活过程"，进行历史分析和现实批判要着眼于现实的人，"是处在现实的、可以通过经验观察到的、在一定条件下进行的发展过程中的人"。在他们看来，人的存在是指现实的人的存在，是指人的实际生活过程。人的本质不是永恒不变的抽象物，它在特定的人与社会发展条件下产生和形成。

第三，人的深层本质在于主体的自由自觉，在于主体性的不断发展完善。马克思从人的主体存在出发，对人的现实性和主体性即"人本身"，给予了充分的肯定，他指出"人的根本就是人本身""人是人的最高本质"。马克思在其博士论文中提出个体的自由是定在之中的自由，充满偶然性的感性的生活才是人的自由存在根据。马克思在对资本主义异化劳动的分析中指出"劳动对工人来说是外在的东西"，而"不是自由地发挥自己的体力和智力。"他认为自由以人们对自身生存条件的拥有和支配为前提，"生产者只有占有生产资料之后才能获得自由"，而在共产主义这一自由人的联合体中，"各个人在自己的联合中并通过这种联合获取自己的自由"。

马克思认为，人的本质力量及其多样性是随着人们社会实践的不断发展而发展的，"向来都是历史的产物"。人要成为主体，就必须实现自己的本质力量，就必须以人的自由、平等和社会的公平、正义为前提，进而在社会实践中能够支配自然、能够主宰自己的命运，成为社会的主人。

马克思、恩格斯关于文化与人的本质的理论，深刻揭示了文化是人的本质性存在，人创造文化，文化塑造人。人能创造文化，使文化的发展有了动力源泉，而文化的发展即是人的发展，这使文化育人成为必要。反过来，文化也能塑造人，为人的发展提供动力，使文化育人成为可能。从这个意义上讲，马克思、恩格斯关于文化是人的本质性存在思想，是文化育人内在的理论基础。

## 2. 人的解放与文化发展相辅相成

人的解放是马克思毕生追求的崇高理想，也是马克思主义理论的根本宗旨。马克思认为，社会发展与人的自由自觉活动、人的解放是紧密联系在一起的，人的活动的展开和自由的获得是社会发展的动力源泉。人的全面而自由的发展是人类自身发展的理想状态，是社会历史进步的必然趋势，也是人的解放的最高境界。从文化发展的意义上讲，人的解放即是人的文化主体性的发展，人的文化主体性的发展集中体现在人的文化实践能力、社会关系、文化个性的发展上，体现在对人、对物的依赖关系上。

在马克思看来，人的解放主要包括人的劳动实践能力、社会关系和个性三个方面。人的劳动实践能力的解放包含很多方面的内容，但最重要的还是体力和智力的整体性解放。他在《资本论》中提出把劳动能力理解为人在"生产某种使用价值"时所能"运用的体力和智力的总和。"马克思认为劳动者只有集体力劳动与智力劳动于一身，能够适应不同的劳动要求，才能实现全面的解放。同时，人的社会关系的发展也"决定着一个人能够发展到什么程度"。因此，人必须积极参与社会交往，建立丰富而全面的社会关系，以实现社会关系的解放。人的个性解放是以人的劳动能力和社会关系解放为基础和前提的。人的本质要通过人的个性来表现，马克思主张要尊重人的个性，为全面发展人的个性创造条件。

在马克思看来，人的解放的过程实际上就是社会全面发展的历史过程。他说："'解放'是一种历史活动，……是由工业状况、商业状况、农业状况、交往关系的状况促成的。"他以人与社会的关系为线索，以人类社会三大发展形态的历史演进为依托，具体考察了人的解放的历史过程。他认为人类社会发展第一大形态主要表现为"人的依赖关系"，"人的生产能力只是在狭窄的范围内和孤立的地点上发展着"；第二大形态表现为"物的依赖关系"，人的独立性建立在"普遍的社会物质交换"基础之上；第三大形态表现为人的"自由个性"，个人全面发展，人们共同的社会生产能力成为社会财富。在马克思看来，只有在生产力高度发达，人完全摆脱了对人和对物的依赖，"人的全面自由发展"才能真正实现。在社会发展的第三大阶段，即马克思所讲的共产主义社会阶段，由于生产力的高度发展，人们摆脱了对人和对物的依赖，从必然王国进入自由王国，人的解放真正得以实现，人也能真正成为自由而全面发展的人。

马克思关于人的解放理论，强调人的全面自由发展是人解放的根本任务和最终目标，人的解放过程与社会历史发展的过程相统一，揭示了人的解放与文化发展之间相辅相成的关系。而文化育人的根本宗旨是人的自由全面发展，以促进人的解放与文化发展为导向，以现实的社会文化发展条件为基础。从这个意义上讲，马克思关于人的解放理论，是文化育人宗旨的理论依据。

### 3. 人的精神动力推动文化发展

人的精神动力对人的实践积极性具有重要影响。马克思最早表述了精神动力的内涵。马克思在《〈黑格尔法哲学批判〉导言》中指出："理论一经掌握群众，就会变成物质力量。"这揭示了理论作为一种精神力量可以成为推动群众实践活动的物质力量。马克思认为劳动包括资本，还包括"肉体要素以外的发明和思想这一精神要素。"在他看来，人的精神动力可以转化为推动生产的物质力量，是生产中不可或缺的重要因素。

恩格斯对精神动力作了明确而深入的阐述。他指出"外部世界对人的影响表现在人的头脑中，……成为感觉、思想、动机、意志，……成为'理想的意图'，……变成理想的力量"，人的行动的一切动力"都一定要通过他的头脑，一定要转变为他的意志的动机，才能使他行动起来"。在他看来，人的精神动力是人脑对客观存在及物质利益的反映，在实践中产生，来源于人脑的机能，是一种唯物性的存在，人脑内产生的感觉、思想、动机、意志等精神因素都可以成为推动人行动的精神动力。

按照马克思、恩格斯的观点，人的精神动力是人的本质力量的一个重要体现，而文化作为人的本质性存在，人的一切实践活动都是一种文化实践，这深刻揭示了：人的精神动力是其从事生产实践不可或缺的因素，它推动生产的发展，实际上就是推动文化的发展。没有人的精神动力作支撑，文化发展便没有了动力之源。从根本上说，人的精神动力主要来自人的主体性、人的自觉能动性和人的精神需要。

第一，实践的主体。人的主体性，主要表现为人是自然的主体、是社会与历史的主体。马克思认为在改造自然的过程中，人既是主体，也可以成为客体，成为被改造和作用的对象，即表现出"人的能动和人的受动"，人在改造自然或他人的同时也会改造自己。人是主体和客体的统一。

关于人与社会、社会发展历史的关系，按马克思、恩格斯的观点，"人就是人的世界，就是国家，社会"；在社会发展中"历史什么事情也没有做"，能够创造一切并"为这一切而斗争的，不是'历史'，而正是人，现实的、活生生的人"；"无论不从事生产的社会上层发生什么变化，没有一个生产者阶级，社会就不能生存"。在他们看来，人是社会的主体，人民群众是历史的创造者，是一切社会实践的主体。

在探讨主体与客体的关系时，马克思认为人是实践活动的主体。实践活动是人的对象性活动。要理解人的实践活动，必须从人的实践活动出发，把人的实践活动本身理解为对象性的活动，进而有利于主体人客观地理解和把握人的实践客体。他指出，从前的一切唯物主义都没有把对象、现实、感性"当作感性的人的活动，当作实践去理解"，都没有"从主体方面去理解"，"生产不仅为主体生产对象，而且也为对象生产主体"。在他看来，实践是连通主客体的纽带。通过实践，主体作用于客体，实现人的活动对象化、主体客体化，同时也使客体成为真正意义上的客体。

第二，自觉能动性作为人的意识、目的和动机的综合体现，它是人的主体性的动力之源。意识是人脑对客观存在的反映，是人区别于动物的特点。按照马克思的观点，"自由的有意识的活动"是人的类特性。人的活动与动物本能的活动不同，它是自觉的、有意识的、能动的活动，人把自己的活动变成了自己意识和意志的对象。意识只有反映客观存在的事物及其发展规律，人的自觉性与能动性才可能实现。人类越发展，人类活动的意识性与自觉性就越强，正如恩格斯所说："人离开狭义的动物越远，就越是有意识地自己创造自己的历史。"

人的实践活动是自觉的、有目的的活动。无论是个人还是群体在社会实践活动中都会有一定的目标，并且努力实现这一目标，"历史不过是追求着自己目的的人的活动而已。"在马克思、恩格斯看来，人的实践活动是不断追求和实现不同阶段发展目标的历史过程，普遍具有自觉意识和预期目的等特征。人们实践活动的目的性集中体现了其实践活动的自觉性。

动机体现人们的需要，推动人们的实践活动。马克思指出："消费也创造出新的生产的需要，在观念上提出生产的对象，把它作为内心的图像，作为需要、动力和目的提出来。"在他看来，动机实质上就是客观需要的主观反映。动机是需要和行为的中介，是把需要转变为满足需要的实践活动的桥梁。

第三，人的精神需要，是促进人与社会发展的重要动力。马克思恩格斯认为，人具有广泛体现其社会本质与发展内涵的多方面的需要，并"以其需要的无限性和广泛性区别于其他一切动物。"从生产和需要来看，人与动物的根本区别就在于人不仅有物质需要，还有精神需要。人的精神需要是在满足物质需要的社会生产实践过程中产生的，是社会发展的产物。

人作为现实的人，人的社会生活是丰富多样的，社会生活的丰富性也决定了人的精神需要的丰富性。"人既有理论需要，又有情感需要，还有意志需要。"其中，理论需要是人的最深层次、最本质的精神需要。马克思、恩格斯曾指出："真正的人＝思维着的人的精神。"情感需要是精神需要的重要组成部分，升华和满足人的情感需要是促进人健康成长、激发人行为动力的重要因素。恩格斯指出，"没有这种革命的义愤填膺的感情，无产阶级的解放就没有希望。"意志需要是人的不可或缺的精神需要。马克思指出，在劳动中，"需要有作为注意力表现出来的有目的的意志"，而且越是枯燥的不为劳动者喜欢的劳动，"就越需要这种意志"。

人的精神需要不仅具有丰富性，而且具有层次性，从低到高可分为三个层次：处于最低层次的是人的基本精神生活需要，即人们在社会交往中形成和发展起来的精神交往需要和社会情感需要。在论及语言的产生时，马克思、恩格斯指出："语言也和意识一样，只是由于需要，由于和他人交往的迫切需要才产生的。"处于第二个层次的是人的精神发展需要，即人们在精神上不断充实和发展自己、实现精神进步的需要，如不断完善自身思想理论、价值观念、道德情操、意志品质等。这种需要一旦产生并获得满足，就会形成一种推动力，促进人和社会的发展，就如马克思所言："已经得到满足的第一个需要本身、满足需要的活动和已经获得的为满足需要而用的工具又引起新的需要。"处于最高层次的是精神完善需要，即在精神发展基础上，在理想社会、人格、自我实现等方面追求更高的精神价值和人生价值。精神需要的不断增长与满足，是促进人精神生活发展的强大精神动力，也是促进人与社会发展的重要动力。

马克思、恩格斯关于人的精神动力理论，强调精神动力是人的本质力量的重要体现，人的精神动力主要体现在人的主体性、自觉能动性和精神需要三个方面。人的主体性，使人成为自然的主体、社会的主体、历史发展的主体，以及一切社会实践活动的主体。这充分说明，人也是文化育人活动的主体。人的自觉能动性是人的主体性的动力之源，人的一切活动都是有意识、有目的、有动机的活动，文化育人活动也不例外，它追求的是文化育人活动主体人的目的，即塑造人、教化人，促进人的全面发展。人的精神需要，是人在社会交往、发展进步和自我完善过程中产生的需要，是促进人精神发展的内在动力。满足人的精神发展需要，是文化育人的基本使命。从文化育人中受教育者的角度讲，人的精神动力是促使人向文而化的力量之源，是文化育人价值得以实现的重要基础。从这个意义上讲，人的精神动力理论，是文化育人中人向文而化的重要理论依据。

## （二）社会主义核心价值观

一个社会的核心价值观是这个社会意识形态的本质体现，所以，培育和践行好社会主义核心价值观是维护社会主义意识形态安全工作的重要一环。对于如何弘扬和培育社会主义核心价值观，习近平指出："要利用各种时机和场合，形成有利于培育和弘扬社会主义核心价值观的生活情景和社会氛围，使核心价值观的影响像空气一样无所不在、无时不有。"

维护意识形态安全的一个前提和首要问题就是必须要弄清楚意识形态的本质是什么，本质是指一个事物的根本性决定性因素，是事物区别于其他事物的根本性特点。党的十九届四中全会明确提出，坚持马克思主义在意识形态领域指导地位的根本制度。作为意识形态工作的前沿阵地，高校的意识形态工作成效直接事关培养什么样的人、如何培养人以及为谁培养人这个根本问题。习近平总书记反复强调，办好我国高等教育，必须坚持党的领导。高校是意识形态安全的前沿阵地，高校的意识形态安全关系着学校的办学方向，直接关系到培养什么样的人、如何培养人以及为谁培养人的关键问题。这就要求，学校党委要深入学习习近平总书记关于做好意识形态工作的重要论述，切实履行意识形态工作的领导责任和政治责任，建立健全把社会主义办学方向、立德树人根本任务落实到办学全过程的制度体系，确保党管意识形态、党管方向、党管人才、党管干部、党要管党等责任的落实落地。严格落实意识形态工作责任制，坚持党委领导下的校长负责制，抓好基层党组织建设，夯实基层基础，完善大学章程，推进依法治校，办好人民满意的高等教育。同时，不断增强马克思主义在意识形态安全建设中的指导地位，进一步完善监督制度，切实营造以社会主义核心价值观为导向的良好政治生态，以马克思主义战略思维谋划和推进高校意识形态安全建设。阵地是意识形态工作的重要依托。人在哪儿，阵地就在哪儿。特别是在网络已成为意识形态斗争主战场的今天，必须要不断完善高校意识形态工作阵地制度，落实好"谁主办、谁负责""谁审批、谁负责"的主管主办管理和属地管理原则，主动占领网络空间阵地。一是要针对高校师生思想活跃的特点，对意识形态问题要抓早抓小，对苗头性倾向性问题予以精准治理，防止"小问题"借助网络空间平台升级为意识形态论战；二是要扎实推进高校意识形态工作传统优势与现代信息技术高度融合，丰富载体、创新形式、改进方法、提升效果，做大做强高校网络意识形态阵地；三是要健全完善网络综合治理体系，建立高校网络意识形态安全预警机制。通过加强互联网和舆论引导力建设，积极开展网上斗争，发展积极健康向上的高校网络文化。

社会主义核心价值观与核心价值体系方向一致，都体现了社会主义意识形态的本质要求，体现了社会主义制度在思想和精神层面的质的规定性，凝结着社会主义先进文化的精髓，是中国特色社会主义道路、理论体系和制度的价值表达，从而把社会主义意识形态的本质概括为社会主义核心价值观和社会主义核心价值体系的统一，使人们对社会主义意识形态本质的认识有了进一步的深化。核心价值观是一个社会文化最核心最根本的内容，对人们的思想有着根深蒂固、深远持久的影响，核心价值观一旦形成并为人们所接受、认同，内化于心外化于行，那对于社会的稳定、国家文化的安全都有着积极的影响。中国的封建社会在中国历史上稳固地存在长达两千余年的一个重要原因就是封建社会价值观的形成并对人们产生了深入骨髓的影响。那么，在社会主义社会，要想维护社会的稳定，促进社会各方面的发展，必须弘扬和培育属于社会主义社会的核心价值观，这不仅对稳固马克思主义的指导地位、维护意识形态的安全有着至关重要的作用，还会极大地促进社会的全面发展和进步。核心价值观是决定文化性质和文化方向的最深层次要素。任何一个时代和社会，都会有各种各样的价值观，当今社会，改革开放和全球化程度在不断深化，社会的价值观和价值取向受各种社会思潮的影响更是纷繁复杂，对意识形态安全问题产生了一定的威胁和挑战。所以，要想维护意识形态领域的安全、把全社会的意志集聚起来，必须构建培育一种社会主义核心价值观。

党的十八大以来，以习近平同志为核心的党中央高度重视培育和践行社会主义核心价值观。24 字的社会主义核心价值观中，富强、民主、文明、和谐是国家层面的价值要求，自由、平等、公正、法治是社会层面的价值要求，爱国、敬业、诚信、友善是公民层面的价值要求。这个概括，实际上回答了我们要建设什么样的国家、建设什么样的社会、培育什么样的公民的重大问题。2018 年 2 月 14 日，习近平在 2018 年春节团拜会上指出："国家富强，民族复兴，最终要体现在千千万万个家庭都幸福美满上，体现在亿万人民生活不断改善上。千家万户都好，国家才能好，民族才能好。"党的十九届四中全会审议通过的《中共中央关于坚持和完善中国特色社会主义制度 推进国家治理体系和治理能力现代化若干重大问题的决定》，着眼更好保障和推动社会主义先进文化繁荣发展、不断巩固全体人民团结奋斗的共同思想基础，创造性提出"坚持以社会主义核心价值观引领文化建设制度"。

2021 年 4 月，习近平总书记在清华大学考察时强调："广大青年要肩负历史使命，坚定前进信心，立大志、明大德、成大才、担大任，努力成为堪当民族复兴重任的时代新人，让青春在为祖国、为民族、为人民、为人类的不懈奋斗中绽放绚丽之花。"现在的青年就是未来社会的主体人群，青年的价值取向在某种意义上直接决定了未来整个社会的价值取向，现在的青年正好处在一个价值观形成和确立的阶段，以后青年的价值观正确与否基本上取决于现在这个阶段的价值观养成，因此，这一阶段的价值观培育尤其重要。无论哪个时代，青年都是最灵敏的晴雨表，在享受时代光荣的同时更要承担起时代责任、国家责任和民族责任。当前，我国进入了全面建设社会主义现代化国家、向第二个百年奋斗目标进军的新征程，我们比历史上任何时期都更加接近实现中华民族伟大复兴的宏伟目标，也比历史上任何时期都更加渴求人才。作为国家的顶梁柱，青年一代要敢于亮剑、甘于奉献，而这些所有行动的前提都必须是树立正确的世界观、人生观和价值观。习近平不断强调，广大青年要做到勤学、修德、明辨、笃实，把社会主义核心价值观内化于心、外化于行，使其真正成为自己日常生活遵循的基本原则并身体力行将其推广到全社会。

2020年8月17日，习近平总书记在致全国青联十三届全委会和全国学联二十七大的贺信中说："我国广大青年要坚定理想信念，培育高尚品格，练就过硬本领，勇于创新创造，矢志艰苦奋斗，同亿万人民一道，在矢志奋斗中谱写新时代的青春之歌。"2021年3月，习近平总书记在闽江学院考察调研时强调："希望同学们树立远大理想、热爱伟大祖国、担当时代责任、勇于砥砺奋斗、练就过硬本领、锤炼品德修为，努力成为对社会有用的人、道德高尚的人，积极投身全面建设社会主义现代化国家的伟大事业。"注重将核心价值观教育融入我们的国民教育中，通过言传身教的形式使社会主义核心价值观内化于心、外化于行。社会、学校、教师要形成教育合力，不断创新各种方式方法将社会主义核心价值观的内涵和实践要求真正渗透到各项教育教学活动之中，让社会主义核心价值观不仅走进课堂中，更要走进学生的脑中和心中。教师对学生的影响是潜移默化又深远持久的，广大教师不仅要以身作则，将社会主义核心价值观落实到自己的一言一行中，要明确作为一名教师肩负的责任和义务以及由于职业特点所具有的社会影响力，要用自身的知识和经历激起学生对美好品德和事物的憧憬，使社会主义核心价值观在潜移默化中影响学生的思维方式和行为习惯，使其能够真正在祖国下一代心中生根发芽、开花结果。

要想使社会主义核心价值观真正贯穿于人们生活的方方面面，不能只是单纯地用"一刀切""一锅煮"的方式进行宣传和普及，更要注重在落实、落细、落小上下功夫。社会主义核心价值观能否为人民所接受、所认同、所实践，关键在其能否真正从人民群众的现实问题出发，能否满足人民群众的现实诉求，而这些与人民群众的切身利益息息相关的现实诉求大都是一些民生问题，比如住房、社会保障、就业、医疗等。通过日常生活中的小事情，让社会主义核心价值观无形之中走进人们的脑中、心中，久而久之内化于心、外化于行，可以说，日常生活中能够承载社会主义核心价值观的事件多于星辰、触目皆是，比如公共场所不大声喧哗、自觉排队、爱护公物、保护公共卫生等，只有这样，才能使社会主义核心价值观的影响深入人心。深化对社会主义核心价值观的内容阐释，深入浅出地解读其丰富内涵和实践要求，这是使人们接受并认同社会主义核心价值观的基础和前提所在。除此之外，还要把社会主义核心价值观主题实践活动常态化，加强社会主义精神文明建设，深入进行文明城市、文明村镇、文明单位、文明家庭、文明校园建设，使社会各个行业、各个年龄段的国民都深刻理解核心价值观。随着终身学习、终身教育观念在全社会的盛行，核心价值观不仅渗透到九年义务教育过程中，更要渗透在国民教育的全过程，还体现在文化产品创作、生产、传播的各个环节。充分发挥多种媒体宣传平台的作用，不断创新各种方式传播核心价值观，努力使其成为人们日常学习工作等生活中的基本遵循。

## （三） 党和国家领导人关于文化自信的论述

文化自信是习近平新时代中国特色社会主义思想的重要组成部分。"文明特别是思想文化是一个国家、一个民族的灵魂。无论哪一个国家、哪一个民族，如果不珍惜自己的思想文化，丢掉了思想文化这个灵魂，这个国家、这个民族是立不起来的。"习近平总书记根据当前形势用全面和发展的眼光科学地回答了新时代如何建设社会主义文化强国，从不同角度对文化自信进行了新时代的阐释，而且对文化建设提出了新的要求，回答了新时代如何坚定文化自信、如何推动社会主义文化大繁荣等时代性问题。

2014 年 10 月 15 日，习近平在文艺工作座谈会上的讲座上指出：中华优秀传统文化是中华民族的精神命脉，是涵养社会主义核心价值观的重要源泉，也是我们在世界文化激荡中站稳脚跟的坚实根基。增强文化自觉和文化自信，是坚定道路自信、理论自信、制度自信的题中应有之义。我们要坚守中华文化的立场、传承中华文化的基因，展现中华的审美风范。

　　2016年11月30日，习近平总书记在中国文联十大、中国作协九大开幕式上讲话强调，实现中华民族的伟大复兴，必须坚定中国特色社会主义道路自信、理论自信、制度自信、文化自信。我们要坚持不忘本来、吸收外来、面向未来，在继承中转化，在学习中超越，创作更多体现中华文化精髓、反映中国人审美追求、传播当代中国价值观念、又符合世界进步潮流的优秀作品，让我国文艺以鲜明的中国特色、中国风格、中国气派屹立于世。

　　习近平在中国共产党第十九次全国代表大会上再次强调文化是一个民族、一个国家的灵魂。发展中国特色社会主义文化，就是以马克思主义为指导，坚守中华文化立场，立足当代中国的现实，结合当今时代条件，发展面向现代化、面向世界、面向未来的，民族的科学的大众的社会主义文化，推动社会主义精神文明和物质文明协调发展。

　　党的十九大报告提出："中国特色社会主义进入新时代，意味着近代以来久经磨难的中华民族迎来了从站起来、富起来到强起来的伟大飞跃，迎来了实现中华民族伟大复兴的光明前景。"所谓的"新时代"，不仅是中国全面建设小康社会，早日实现中华民族伟大复兴的新时代，还是全球化思潮发展、各民族文化争夺世界之林的新时代。面对当前严峻的国际文化形势，我国要想立足于世界民族文化之林，将中华文化推向世界就必须要实现从文化大国到文化强国的转变。这一伟大转变必须以牢固的理论根基作为思想指引，新时代中国特色社会主义思想为建设文化强国提供了合理的科学依据，为我国实现社会主义文化大繁荣提供了明确的目标指向。建设中国特色社会主义文化强国，从本质上讲是中国特色社会主义文化的彰显，是中国精神的现实体现。因此，新时代大学生的文化自信培育应以习近平新时代中国特色社会主义思想为指引。

　　2021年3月22日，习近平总书记在福建武夷山市朱熹园考察时谈到文化自信："没有中华五千年文明，哪有我们今天的成功道路。"习近平总书记强调文化自信，是更基础、更广泛、更深厚的自信。在五千多年文明发展中孕育的中华优秀传统文化，在党和人民伟大斗争中孕育的革命文化和社会主义先进文化，积淀着中华民族最深层的精神追求，代表着中华民族独特的精神标识。我们要弘扬社会主义核心价值观，弘扬以爱国主义为核心的民族精神和以改革创新为核心的时代精神，不断增强全党全国各族人民的精神力量。

　　习近平的文化自信思想主要包括了四个方面的内容：第一，文化自信是更基础、更广泛、更深厚的自信。习近平总书记明确指出："中国有坚定的道路自信、理论自信、制度自信，其本质是建立在五千多年文明传承基础上的文化自信。""我们说要坚定中国特色社会主义道路自信、理论自信、制度自信，说到底是要坚定文化自信，文化自信是更基本、更深沉、更持久的力量。"坚持文化自信为社会主义事业的"三个自信"奠定了基础。文化自信的广泛性既可以理解为数千年来中华文化有着博大的胸怀和强大的自信，也可以理解为华夏文明中蕴含着丰富的先进文化。文化自信是最深厚的自信可以理解为文化自信是一切自信的重要支撑，为中国的道路选择指明了方向。第二，文化自信的实质是社会主义核心价值观的自信。文化自信体现了对社会主义核心价值观的自信。如果说文化是国家的软实力，核心价值观就是其灵魂。对于文化自信而言，价值观就是一种表现形式，培育和践行社会主义核心价值观就等于坚持文化自信。第三，文化自信是道路自信、理论自信、制度自信的基础。文化自信不仅是道路自信的根基，文化自信是理论自信的基础，还是制度自信的重要支撑。第四，文化自信是建设社会主义文化强国的重要途径，是提升文化软实力、实现中华民族伟大复兴的基本保障。

新形势下，习近平总书记把文化自信提升到"第四个自信"的高度，赋予了文化自信独特的时代特征，主要有以下几个方面：第一，理性思维特征。理性思维特征指以习近平同志为核心的党中央通过对国内国际形势的审视，对传统文化文化中的"糟粕"和"精华"的剖析深刻的内省，产生了习近平的文化自信思想。第二，传承性特征。文化自信思想来源于历史的传承与发展，是一个不断发展创新的过程。第三，实践性特征。习近平的文化自信思想不仅是意识层面的思想体系，它还是具有能动性的实践体系，从实践中不断探索出文化培育的具体方法。第四，时代特征。习近平的文化自信思想具有其特殊的时代性，是在复杂的国内国际环境下衍生出的。因此，我们必须坚定文化自信，正视机遇与挑战并存的新时代。

习近平新时代文化自信思想是新时代大学生文化自信培育的直接理论基础，习近平新时代文化自信思想不仅为新时代大学生文化自信的培育指明了发展方向，还为大学生文化自信培育提供了重要的实践保障。

大学生文化自信培育的理论研究，是大学生文化自信培育理论体系形成和发展的重要基础。正是有了强有力的理论支撑，才保证了大学生文化自信培育各方面工作的顺利实施，为高校对大学生的文化自信的培育工作提供了科学的方向和正确的引导。

## （四）社会学习的相关理论

当代美国心理学家阿尔伯特·班杜拉是现代社会学习理论的奠基人。他从认知和行为联合起作用的角度去理解社会学习，用人、行为和环境之间不断交互作用来解释人的心理机能。在他看来，人凭借观察学习以简化获得过程，对其生存和发展都极为重要。同时，人的自我调节过程并不单纯是人对外部影响的反应，他们也会凭借自我生成的诱因及结果对自己的行为施加某种影响。

从总体上看，班杜拉的社会学习理论的基石是三因素交互决定论，核心内容是观察学习。文化育人有两个向度，一是文化化人，二是人向文而化。从人向文而化的角度看，文化育人可从班杜拉的社会学习理论中借鉴一些有益的思想。

### 1. 主体、行为和环境交互决定思想

班杜拉认为，行为的发生是内部动力和环境的相互影响、相互作用的结果。他把人的主体因素如人的认知、观察学习、使用符号、自我调节等引入对行为的因果决定模式的分析之中。他强调主体认知，实际上也是强调人们能控制自己的生活，也能改变影响他们行为的环境因素。但主体认知不是独立于行为和环境之外的自主机制，而是与行为、环境相互影响、相互制约。班杜拉指出："心理的机能就是行为、人的因素和环境因素这三种决定因素之间的一种连续不断的交互作用。"在他看来，人与行为、环境交互作用的过程，实际上就是一个交互决定的过程，三者之间既相互独立，又交互作用，是彼此间相互决定的理论实体。三种因素之间所产生的交互影响力，并不是完全等同的，所展现的交互作用模式也不是固定不变的。有时环境因素会对人的行为产生巨大的强制作用，有时人的因素也会对环境产生巨大的作用，人与环境都可成为事态发展的重要调节者。但通常情况下，三个因素之间相辅相成、互生互动、相互依存。三因素交互决定论，科学地分析了人的心理活动机制，为社会学习理论提供了理论基石，也为我们研究文化育人中人的因素以及人与环境互动问题提借了有益的思想借鉴。

### 2. 替代、符号和自我调节思想

班杜拉认为，社会学习就是个体通过观察、模仿而学到别人的行为。观察

学习是人类学习的重要形式，人的大多数行为都是通过观察学会的。"凭借观察学习以简化获得过程，对于发展和生存都是极其重要的"，而那些替代的、符号的和自我调节的过程都在学习者的心理机能中扮演着重要的角色。直接经验的替代在学习过程中扮演重要角色，观察学习可以替代直接经验。"几乎所有的起源于直接经验的学习现象，都可以通过观察他人的行为及其结果而替代性地产生"，在观察学习过程中学习者无须做出直接的反应，也不必通过亲身体验来强化，只需通过观察他人就可以进行强化学习。这种建立在替代基础上的学习模式是认知性的，班杜拉称之为"无尝试的学习"。

人类具有应用符号去对付内、外部各种事件的能力，使用符号在学习过程中担负着重要的角色。人们通过符号的中介"不必尝试所有可能的方法就可以直接解决问题"。正是由于人类具有应用符号的非凡能力，他们才得以去表征事件，去分析他们的意识经验，才能够在任何距离、任何时间与空间中同他人交往，或者是进行具有远见性的行动。如果人没有应用符号的能力或者说没有符号中介的参与，观察学习也就无从谈起。

人的行为受认知中介的影响，自我调节在学习过程中担负着重要的角色。"人并不单纯是对外部影响的反应者。他们选择着、组织着并转变着作用于他们的刺激物。他们会凭借自我生成的诱因及结果对他们自己的行为施加某种影响。"按照班杜拉的观点，不仅释放着复杂信息的环境能够影响人们的行为，而且可以预见的行动结果也能影响人们的行为。当预见到情境、行动和结果之间的关系以后，人们会根据这种预见来调节自己的行为。尤其是在决定人们行为的各种因素中还包括其自身因素的影响，人们的自我调节能力就是他们自己改变的主要动因。

文化育人的过程实质上就是人社会化的过程。在这一过程中，人作为能动的主体，要通过观察学习在各种文化资源中获得社会认知、文化价值认知。观察学习是人获得文化价值认知的重要途径，也是文化濡染功能得以实现的前提。从这个意义上讲，班杜拉的观察学习论也是文化育人研究的一个有益思想借鉴。

## 二、高校学生公寓文化建设的概念与内涵

高校学生公寓文化建设是一项系统工程，具有丰富的内涵。阐释清楚其内涵对于新形势下加强大学生的公寓建设、丰富大学生的公寓文化、推动大学生

公寓的智能化、促进大学生公寓文化建设具有重要的价值与意义。对高校学生公寓文化建设内涵的阐释应从高校学生公寓文化的概念入手。

## （一）高校学生公寓文化的概念

高校公寓文化是文化的重要内容，是校园文化的有机组成部分，要界定高校学生公寓文化，首先须从文化和公寓文化着手。

### 1. 文化

文化是一个纷繁复杂的概念和常论常新的话题，目前，学术界尚未对文化的定义达成共识。学者们对于文化的界定从总体上讲可分为广义与狭义两个维度。

《现代汉语词典》对广义文化的解释为："人类在社会历史发展过程中所创造的物质财富和精神财富的总和。"从广义文化的角度而言，由于学者们对文化概念的界定与思考的维度不同，从而对文化内容的分类就存在着诸多样态，主要有两分说、三分说、四分说与六分说。两分说主张将文化分为物质文化与精神文化，三分说主张将文化分为物质文化、制度文化与精神文化，四分说主张将文化划分为物质文化、制度文化、行为文化与精神文化，而六分说主张将文化划分为物质文化、社会关系文化、精神文化、艺术文化、语言符号文化与风俗习惯文化。

最为大家所普遍接受的是"文化四层次说"，即将文化分为物质文化层、制度文化层、行为文化层、精神文化层。在"文化四层次说"中，物质文化层是物化的文化样态，是人们的物质生产活动及其产品的总和；制度文化层是人们在社会实践中，根据实践需要制定的、用于指导人们实践的各种社会规范的总和；行为文化层是指人们在工作、生活中所创造的促进人类社会发展与进步的活动总和；精神文化层是指人们在实践中形成的思维方式、价值观念及审美情趣的总和。狭义的文化是指某一民族、阶层或社会团体，在长期的历史发展过程中所形成的人文精神及其物质体现总体体系。狭义的文化以人为中心，以人文精神为内核，其关注的是经过历史传承积累的人文精神。

关于文化最经典的界定是泰勒提出的，他认为："文化是包括全部的知识、信仰、艺术、道德、法律、习俗和任何人作为一名社会成员而获得的能力和习惯在内的复杂整体。"泰勒关于文化的阐释得到了学界的广泛认同。同时，根据文化的创造主体以及场域来划分，我们可以将其作类似于欧洲文化、中国文化、美国文化等的划分，也可以作大众文化、校园文化、公寓文化、高校学生公寓文化等的划分。

### 2. 公寓文化

《现代汉语词典》中对公寓的解释是："旧时一种租期较长、房租论月计算的宿舍，住宿的人多是学生。分户居住的多层或高层建筑，有若干成套的单户独用的房间，设备较好。"从《现代汉语词典》对公寓概念的定义可以看出，公寓的主要租住者是学生，但随着社会的发展，越来越多的上班族也加入公寓居住者的队伍当中。与此同时，随着"科教兴国"战略的提出，国家对教育的扶持力度越来越大，各项教育资金涌入学校，学校内的新型学生公寓拔地而起，为学生提供了大量条件较好的公寓，极大地提升了学生的住宿条件。因此，可以看出，公寓有广义与狭义之分，广义的公寓指所有用于出租的房屋，而狭义的公寓则仅指学生公寓。本书所研究、探讨的公寓文化属于后者，即学生公寓文化，并且是学生公寓文化中的高校学生公寓文化。

公寓文化则是以公寓为载体，以公寓居住人员（本书中指大学生）为主体，以服务居住者为宗旨，包括制度建设、价值观建设等在内的全部精神活动的总和。由于公寓文化以公寓为载体，以学生为主体，因此与社区文化、学校文化在服务对象、服务内容、服务方式等方面有很大的不同。

### 3. 高校学生公寓文化

高校学生公寓文化是以公寓为载体，以大学生为主体，以服务于大学生生活、学习为宗旨，以促进大学生的全面发展为目标，包括公寓制度建设、公寓价值观建设等在内的全部精神文化活动的总和，是由广大师生共同创造并广泛认同的价值观念、生活理念、行为方式与精神氛围。

教育部颁布的《关于进一步加强高等学校学生公寓管理的若干意见》指出："学生公寓是学生日常生活与学习的重要场所，是课堂之外对学生进行思想政治工作和素质教育的重要阵地。以各种形式加快学生公寓建设，不断改进并加强学生公寓的管理，是高等学校后勤社会化改革的一项重要任务。"高校学生公寓文化是大学校园文化的重要组成部分，是家庭文化的有益补充，其对培养全面发展的大学生、促进公寓管理现代化以及培育健康向上的校园文化等都具有重要的价值与意义。

所谓学生公寓文化，是指在校园环境中，以学生为主体，以公寓及其周围场所为主要活动空间，以健康有益、积极向上的课外活动为主要活动内容，以校园精神为主要特征的一种全体学生共同创造和享受各种文化形态的群体文化。学生公寓文化反映了学校的整体校园文化，同时反映了学生的整体思想。高校学生趋向于成熟化，对学业、生活等开始有了深入的思考，对人生有了更深层次的规划。在规划中，学生之间往往会相互交流探讨，公寓作为学生休息和放松的地方就成为学生们高谈阔论的主要场合。在这个过程中，应及时且密切关注学生们的思想变化，对积极的想法给予肯定，对于消极或是偏激的想法要早发现、早纠正，以免这些想法在学生之间广泛流传。

## （二）高校学生公寓文化建设的内涵

高校学生公寓文化建设是指高校学生事务管理教师、高校公寓管理人员、大学生等与学生公寓相关的机构、团体、个人等坚持以中国特色社会主义文化理论为指导，以不断丰富、发展与创新公寓文化为目标，通过借鉴吸收国内外的各种有益成果，与时俱进地改善公寓文化创新发展的方法的实践活动，具有主导性与多样性相统一、规范性与人本性相统一、同质性与独特性相统一、生活化与教育性相统一的特点。

高校学生公寓文化建设是一项复杂的系统工程，具有丰富的内涵，我们可从矛盾思维、系统思维、和谐思维三个角度加以理解。

### 1. 矛盾思维角度

矛盾是指不同事物之间以及同一事物内部的不同方面之间相互依存、相互排斥的关系，即对立统一的关系。矛盾具有普遍性与特殊性的特征，一方面，矛盾存在于一切事物之中，贯穿于一切事物发展过程的始终，即矛盾具有普遍性；另一方面，不同事物又具有不同的矛盾，同一矛盾的不同方面又具有不同的特点，即矛盾又具有特殊性。矛盾的普遍性与特殊性相互依存、相互联系，并在一定条件下相互转化。

"问题是时代的心声，矛盾是事物发展的动力源泉"，因此，我们应当具有问题意识，树立矛盾思维。一方面，从矛盾的普遍性角度而言，高校公寓文化建设同文化建设、校园文化建设具有同一性。高校公寓文化建设较之文化建设、校园文化建设起步较晚，近年来，文化建设、校园文化建设积累的丰富的经验，取得了丰硕的成果。因此，在高校公寓文化建设中可以借鉴文化建设、校园文化建设的有益经验，以更好地推动高校公寓文化建设。另一方面，从矛盾的特殊性角度而言，高校公寓文化建设同文化建设、校园文化建设又具有差异性。文化建设、校园文化建设、高校公寓文化建设是依次包含与被包含的关系，范围依次缩小。高校公寓文化建设较之文化建设、校园文化建设又具有自身的独特性，它涉及的范围较小、主体确定、针对性较强。因此，高校公寓文化建设应从自身的独特性出发，更加关注学生的住宿需求与生活需要，以构建和谐公寓文化。

### 2. 系统思维角度

系统是指由若干要素，以一定的结构形式联结构成的具有某种功能的有机整体，具有开放性、复杂性、整体性等特征。系统内部各要素的合理、有序以及系统资源的优化配置，可以使系统功能得到最好的发挥。

高校公寓文化建设作为一个开放的系统，要使高校公寓文化建设取得更好的效果必须树立系统思维，用整体性思维来统筹公寓文化建设的全局，纲举目张地协调该系统中的各种因素，以实现高校公寓文化建设中各要素的合理、有序流动以及各项资源的优化配置，促使它们协调发力，统一于高校公寓文化建设全过程，推动高校公寓文化建设的健康、有序发展。

### 3. 和谐思维角度

我国历来有"和合"的文化传统。所谓"和"指和谐、和平、祥和；"合"指结合、融合、合作等。重"和合"是我国优秀传统文化的重要内容，是文化建设遵循的宗旨，是构建和谐文化的重要理论依据。

高校公寓文化建设是校园文化建设的重要内容和有机组成部分，公寓文化建设要以和谐状态为价值依归。在高校公寓文化建设中，必须秉承和合的文化原则，树立和谐思维，实现舍友之间、大学生与公寓管理者之间、公寓管理者之间等各主体的和谐相处，以实现构建和谐公寓文化的价值目标。

准确地把握、理解高校公寓文化建设的内涵，可从矛盾思维、系统思维、和谐思维三个角度着手，以推动高校公寓文化建设的和谐、健康、有序发展，为大学生的成长成才营造良好的公寓环境。

# 三、高校学生公寓文化建设的重要性

大学生的心理和生理尚未完全成熟，思想观念、价值取向、思维模式等与社会目标要求存在偏差。随着社会的发展，竞争日益加剧，大学生的愿望和理想同现实发生冲突，如果没有及时正确引导，就会产生悲观情绪，甚至以消极反抗来发泄内心的不满，产生逆反心理，严重影响身心健康发展。随着高等教育改革的不断深化，学生在公寓的时间不断增多，高校必须在加强课堂教育的同时，重视大学生公寓文化建设，充分发挥公寓文化的育人作用，让学生生活在和谐健康的公寓文化氛围中。

## （一）公寓文化是社会育人的重要平台

著名教育家陶行知先生说过："到处是生活，即到处是教育；整个的社会是生活的场所，亦是教育之场所。"社会是共同生活的人们通过各种各样社会关系联合起来的集合。微观上，社会强调同伴，并且延伸到为了共同利益而形成的志愿联盟。宏观上，社会就是由长期合作的社会成员通过发展组织关系形成的团体，并形成了机构、国家等组织形式。

大学由于其特殊性，犹如社会的缩影，公寓是大学生的聚集地，堪称学生的"第一社会"，也是学生踏入社会的演练台阶。社会的属性也延伸到公寓，它虽没有现实社会那么复杂，却也具备了社会的基本特征，影响着学生的成长与发展。

另外，不同学院、不同专业、不同年级甚至不同学校的学生同住在一个公寓园区，扩大了他们的人际交往，拓展了他们的视野范围，拓宽了他们的信息渠道，同时，也不可避免地产生一系列的冲突和矛盾，如作息时间冲突、性格差异、信仰不同以及观念认同和思维方式上的差异等。他们经历不同思想观念和行为方式之间的磨合，在冲突、平息、缓解、融合的过程中，提高了学生的交往能力，增强了学生的处事技巧，也使学生学会了特定角色为人处事的行为规范，因而学生适应社会的能力不断得到提高。

## （二）公寓文化是课堂教育的重要补充

高校课堂教学是第一课堂，是育人的主渠道。在第一课堂，学生有固定的教学时间、教学场所以及规定的教材、教学大纲，教师运用自己的智慧和创造力，把课堂营造成生动活泼的学习乐园，挖掘蕴含其中的无限生机和活力，让学生在学习环境中自然、有序地学习和操练，不断提高学生的能力。同时，给学生提供课内实践机会，让学生在特定情境中进行实践体验，使学生在活动中感悟道理、体验情感、反思所为、规范行为。

第二课堂常被看成是在第一课堂以外的一切传授知识、培养能力、锻造人格的校园文化活动，是第一课堂教学的延伸、补充。同样，美国大学强调要把公民教育渗透到学生生活、课外实践活动中，重视环境对大学生的熏陶作用。调查显示，学生对自己的课外时间安排较为合理得当，对自己的兴趣爱好目标明确，大学生活丰富多彩，主要用于上网、勤工俭学、参加社会实践、公益活动、体育锻炼、听讲座和报告等，有85.31%的学生经常或偶尔参加志愿服务活动，用自己的能力奉献社会，在活动中认识社会、开阔视野、增长才干、磨炼意志、结交朋友等，说明大学生参加社会实践的目的性很强。

学生公寓已不仅是学生休息的场所，也是学生可以消化和吸收第一课堂所学的知识以及自我补给知识营养的重要场所，还是丰富大学生第二课堂活动的重要载体。特别是新冠疫情暴发以来，学生公寓常常成为大学生抗击疫情、学习知识的第一课堂。大学生公寓文化是校园文化的延伸，是第二课堂的重要组成部分，是文化育人不可或缺的重要环节，是学校精神文明建设的重要窗口，是学生思想政治教育的前沿阵地，是培养学生树立正确的世界观、人生观、价值观的重要课堂。总之，学生公寓文化有助于大学生真实地展示自我，提升人际交往和口头表达能力，实现自我管理、自我服务、自我教育、自我提升，也是学校对大学生进行思想教育、心理服务、就业指导等非智力教育的重要课堂。

## （三）公寓文化是实践育人的重要阵地

《教育部等部门关于进一步加强高校实践育人工作的若干意见》指出，实践育人特别是实践教学依然是高校人才培养中的薄弱环节，与培养拔尖创新人才的要求还有差距。"当前，高校中还不同程度存在专业教育与思想政治教育'两张皮'现象，未能很好形成育人合力、发挥出课程育人的功能。全面推进课程思政建设就是要解决这一问题。"高校要切实改变重理论轻实践、重知识传授轻能力培养的观念，注重学思结合，注重知行统一，注重因材施教，以创新实践育人方法途径为基础，以加强实践育人基地建设为依托，形成实践育人合力，着力构建长效机制，努力推动高校实践育人工作取得新成效、开创新局面。随着高等教育大众化，学生公寓的数量迅速增加，有些大学生公寓实行多校共用或实行社会化的管理模式，尤其是时代的发展、新媒体的广泛应用以及学生呈现出的新特点，课堂教学作为学生受教育主阵地的作用已不能满足学生求知的愿望。以公寓为载体的学生社团是实践育人的重要阵地，是校园文化活动的重要场所，是课堂教学的有益补充，是服务社会增长才干的实践平台，对于丰富校园生活、培养学生兴趣爱好、扩大学生求知领域、增加学生交友范围、丰富学生内心世界、积淀传承学校文化发挥着重要作用。通过加强大学生公寓社团文化建设，有利于引导大学生养成良好习惯，培养独立自主能力；有利于引导大学生进行情感交流，培养学生自我教育能力；有利于实现优势互补，提高学生集体融合能力；有利于抓住教育时机，塑造学生健全的人格。

总之，研究加强大学生公寓文化实践育人的实质，是全面落实党的教育方针，把社会主义核心价值体系贯穿于国民教育全过程，深入实施素质教育，大力提高高等教育质量的必然要求。同时，加强大学生公寓文化实践育人无异于开启一扇通往大学生心灵深处的窗户，拉近同学之间的距离，改善同学之间的关系，增进同学之间的感情，缓解大学生的心理情绪以及把握大学生思想脉络，更好地促进大学生自由而全面的发展。

## （四）公寓文化是家庭教育的重要延伸

里耶说：家庭不单是身体的住所，也是心灵的寄托处。歌德说：无论是国王还是农夫，家庭和睦是最幸福的。家庭是社会最基本的细胞，是最重要、最基本、最核心的社会组织和经济组织，也是人们最重要、最基本、最核心的精神家园。家庭的健康可持续发展是社会与国家稳定发展的基石。公寓是学校最基本的细胞，是最重要、最基本、最核心的基层组织，也是学生最重要、最基本、最核心的精神家园。公寓和谐，整个学校和谐；公寓成员身心健康，整个学校平安稳定，因此，公寓是学校稳定发展的基石。家庭的核心功能是情感和陪伴，学生从父母营造的第一家庭到由学校营造的第二家庭，室友在一起更多的是情感的慰藉和真情陪伴，不同的民族、背景、信仰、价值观和生活习惯等相互碰撞与融合。公寓文化以其丰富多彩、形式各异的载体，潜移默化地影响着大学生的道德情操和行为习惯。如健康向上的公寓文化主旋律，可使学生的心灵受到感化，从而形成真善美的品格；丰富多样的爱国主题活动，可唤起学生心中的爱国热情；良好的学风，可使学生逐渐养成良好的学习习惯；高质量的社会实践活动，可使学生将爱国热情转化为振兴中华的使命感和责任感，使学生逐渐养成坚定的信念、正确的人生观和良好的道德品质。公寓文化以其明确的目标指向性，使大学生能根据社会要求不断认识和发展自己。通过引导大学生认识到个人价值应当在社会需要中得以体现，对大学生形成稳定的人生观发挥了重要作用，并可使学生更加理解将来所要从事的工作的社会意义，有利于学生增强社会责任感，从而形成良好的世界观和价值观。

总之，学生公寓是学生学习、生活的重要场所，同时也承担着第二家庭的重要角色，在学生思想政治教育工作中发挥着重要作用。因此，充分利用学生公寓的独特性，将公寓文化的育人功能与大学生思想政治教育有机结合起来，具有重要的意义。

# 四、高校学生公寓文化与人才培养的联系

## （一）公寓文化与学风建设

随着时代的发展，高校公寓的功能日益多元化，逐渐成为学生学习的重要场所，和谐的公寓文化能够促进高校学风建设。首先，公寓的学习风气能够对成员起导向作用。据相关调查，公寓的整体学习氛围与成员之间的学习成绩具有较强的相关性。一般而言，公寓成员为了融入群体，会努力使自己与所在群体保持一致。公寓的成员直接可以通过心理系统和自己的思维方式、价值观和行为模式等产生交互作用，从而表现出对外的一致性特征。其次，和谐的公寓风尚能起到示范作用。公寓成员的互动是公寓行为文化的重要方面。一方面，公寓成员之间相互的学习与交流可以激发学生的创造力，充实各自的知识结构；另一方面，对于成绩较差的个体，成绩好的个体具有标杆和示范作用。良好的公寓文化是形成优良学风的重要保障，建设健康向上的公寓文化有利于培养全面发展、素质过硬的大学生。

## （二）公寓文化与思想政治教育

公寓文化是高校思想政治教育的重要阵地，依托公寓文化开展大学生思想

政治教育是当前高校发展的必然选择。思想政治教育的基本任务是通过组织学习和宣传提高大学生的思想政治素养、培养集体主义精神、民族主义精神、爱国主义情怀等。并且，个体的思想道德素质受文化价值取向与角色期待的引导和塑造。一方面，公寓文化建设与思想道德教育具有统一性。从本质而言，思想政治教育是一种文化塑造教育，是价值与规范接受与认同的过程。公寓文化与思想道德教育同属于文化的构建过程。另一方面，公寓文化是大学生思想政治教育的实践平台。相对于其他场合，公寓是自由温馨的家园，在这里，大学生可以发表自己的思想见解，各种思想观点的碰撞可以启迪学生的思维，有助于他们辨明真伪，区分善恶，认识真理，有助于他们政治识别能力的提高。

## （三）公寓文化与心理健康

心理健康教育是学生成才与发展的客观要求。一个整洁、文明的公寓文化环境，不仅可以为学生创造良好的学习、生活场所，而且对于培养大学生健康的心理素质具有重要作用。首先从物质环境因素来看，现代心理学研究表明，客观环境与主观认识相互作用，影响人的情感、工作和学习效率。公寓的整体布局、装饰风格、卫生状况、周围环境等物质文化环境是学生心理健康发展的重要物质条件。从公寓行为文化分析，公寓成员之间的互动行为在很大程度上影响成员的心理发展状况，同时网络文化和恋爱文化的健康发展是促进学生形成健康心理的有效保障；就精神文化而言，精神文化是整个公寓文化的核心与精髓，体现公寓的整体价值取向，积极向上的精神文化可以激发成员的生命活力，有利于心理的成熟发展。可见公寓文化既有学风建设、思想政治教育方面的功能，也有心理健康教育方面的功能。

# 第二章　高校学生公寓文化建设的目标

大学生公寓文化建设与学生发展之间的关系，不仅仅是影响与被影响，或制约与被制约的单向度的功能关系，而是相互作用、相互规定和相依相生的双向建构的功能关系。所以，高校公寓文化建设要做到具有科学性、系统性和传承性，必须有明确的发展目标。通过公寓文化建设，不但要实现公寓制度规范化、管理精细化、教育纵深化和服务人本化，而且要丰富校园文化建设，浓郁校风、教风、学风，同时深化社会主义核心价值观教育，实现大学生自由而全面发展，为中国特色社会主义培育建设者和接班人，助力中华民族伟大复兴的中国梦早日实现。

## 一、高校学生公寓文化建设的总目标

### （一）传承立德树人的教育理念

"培养什么样的人、如何培养人"是我国社会主义教育事业发展中必须解决好的根本问题。党的十八大报告提出把立德树人作为教育的根本任务，坚强而有力地回答了这一事关党和国家前途命运的问题，具有里程碑意义。它抓住了教育的本质要求，明确了教育的根本使命，符合教育规律和人才培养规律，进一步丰富了人才培养的深刻内涵。立德为先，树人为本，在日常的教育活动中立德是先决条件，树人是必然结果，两者具备强烈的逻辑联系，共同构成人才培养大厦的顶梁柱。立德树人要求我们必须在保证坚持正确的政治方向的德育基础上，着眼促进学生全面发展。而日常生活管理刚好可以在道德生活的维度，以学生日常生活细节为本，关注学生的全面发展、和谐发展、持续发展、终身发展。在完善道德体系建设的同时，丰富德育的展开维度，增强德育工作的针对性和实效性，最终培养对中华民族有认同感和归属感的、对中国发展有着强烈责任感和使命感的全面发展的人才。

立德是培养人才的第一要务，思想政治道德素质则是人的综合素质当中最为核心的要素。蔡元培曾经指出："德育是完全人格之本，若无德，则虽体魄智力发达，适足助其为恶，无益也。"高校育人工作的首要任务就应当是立德为先。具体而言，教育的根本任务是引导青年学生树立正确的世界观、人生观、价值观和荣辱观，培养德智体美全面发展的"和谐的人"。首先要树"师德"、筑"师魂"，教育之本在于立德，师德建设至关重要，正如梅贻琦先生在《大学一解》一文中所写："学校犹水也，师生犹鱼也，其行动犹游泳也，大鱼前导，小鱼尾随，是从游也，从游既久，其濡染观摩之效，自不求而至，不为而成。"可见在学校的生活中，在教师与学生的日常接触中，师德潜移默化的育人作用不容小觑。"一个人的发展取决于和他直接或间接进行交往的其他一切人的发展"，育人主体在关注大学生发展的同时，需要通过不断的自我修炼提高自身整体水平，从而使为育人对象提供更高层次发展的帮助成为可能；同时，其也可以在感受和分享教育对象发展成就的喜悦中，获得职业成就感和幸福感。

道德从生活中来，是生活的基本构成要素之一，若人类无法逃避生活，人类就必然无法逃避道德。道德潜能需要在动态的、立体的生活中得到发掘，优秀的道德品质同样需要在德化的生活中生成。通过公寓日常生活管理完成的育人工作通常具备强烈的亲和力、感染力和渗透力，能及时吸收最先进的社会文化营养要素，为大学生的健康成长营造良好的道德环境氛围，能让先进的社会主义核心价值观与日常生活相融合、相伴随，成为构建美德氛围的参与因子，这容易在大学生群体中实现真正的道德理解和思想接受，完成思想政治教育的入脑入心。

## （二）创建和谐的公寓道德社区

在大学生公寓日常生活的管理过程中，通过建设和谐稳定的校园社区文化秩序，形成良好的校园道德舆论氛围，促进具备自组织性、自我教育功能的校园道德社群的形成，实现终身教育理念的贯彻。构建先进的大学社区文化，也是一种管理育人的崭新目标，体现了育人为本的教育理念，完成了综合德育的目标要求，这既包括大德育的精神理念，同时避免小德育圣人化的德育趋向。尤其在终身教育的理念下，人们应该自发的、主动的、持续的获得教育的过程，要突破时间和空间的限制，享有在思想、智能、个性和职业等方面获得教育的权利。这样就为日常生活中的校园公寓文化育人提出了转变的迫切要求，其还应当拓展到生活中的管理和服务，以及生活区乃至整个校园的文化载体建设，实现全方位育人目标。

公寓是由若干社会群体或社会组织聚集在某一个领域里所形成的一个生活上相互关联的大集体，是社会有机体最基本的内容，是宏观社会的缩影。大学公寓是社区的一种形式，是指包含各种服务设施的学生共同生活与交往的独立领域。参照社区的概念，大学生们作为社区成员，在校园公寓区中采取共同的生活方式并交互影响，十分容易在心理上产生彼此的认同感和强烈的归属感。在当前高等教育由精英教育向大众教育转变的条件下，校园中教学区与居住区分离，学生社区的管理也由原来的重"物"管理转变为重"人"管理。校园公寓的成员身份是大学生日常生活中的重要身份标签之一。学生公寓是大学生最集中的场所，是大学生思想观念、行为举止等表现得最真实、最活跃的所在。湖南城市学院深入公寓开展学生诚信教育、文明教育和毕业生廉洁教育等主题教育，指导学生养成了良好的道德品质和文明素养。

我们可以将大学公寓理解为一种新兴社区，或准社区。从现实的发展情况来看，那种"围墙里的大学"越来越不被人接受，生活本就是相融相通的，校园内的生活方式也日益被外部的日常生活所影响，并且反向作用于外部日常生活。互动交换信息，妥善建设校园社区生活方式和文化习俗是高校日常生活管理的重要发展趋势。

## （三）融合多元的生活育人资源

日常生活与教育是密不可分的，因为教育本身就是一种生活方式。而生活中则蕴藏着巨大的育人资源的矿产。裴斯泰洛齐曾提醒人们："不要忘记基本的原则，即生活是伟大的教育者。""教育是一种生活的方式，是一种行动的方式"，是社会生活的延展依托，开启大学生日常生活管理育人之旅，实际上就是增加了开发生活育人资源的新的渠道，将其更科学地加以利用，是将生活育人资源嵌入学校日常管理的有效方式。

大学的天职所在就是调动和找寻一切所能利用的资源，并对其进行最大限度的开发和使用，以培养更多、更优秀的人才。按照教育经济学的观点，"教育的最基本功能就是劳动力的再生产，把可能的劳动力转化为现实的劳动力，把一般劳动力培养成为具有一定的生产知识、劳动技能、有觉悟、有文化素养的特殊的劳动力，以促进生产力的提高"。教育本身就承载着显著的经济功能。这引导我们关注高等教育的投入产出比，这是一项需要层层落实、整体配合的综合工程。

日常生活管理育人秉持新的管理育人的资源观，其独特的管理宽度决定了其有机会对不同种类的教育资源进行利用，又能在此基础上思考综合配置利用的问题。只有将分散的、不同类别、不同层次的日常生活的育人资源，通过管理来予以整合，才有可能获得育人的整体效益。从育人资源的有效利用到育人效益的综合开发体现了日常生活管理育人对整个高校育人的现代化论释。日常生活管理是在大的统筹的基层和末端，基层资源的合理配置是充分利用资源的重要一环，就相当于在不增加原有资源投入的前提下，在资源配置的最前端将教育产出放大，释放日常管理的附加性功能。

大学生公寓日常生活管理通过释放这种育人的成功效应，吸引资源配置总的布局中对其产生一定的投入倾斜，这符合高等教育大众化、生活化的发展趋势，在一定意义上通过调整教育资源的配置方式和投放结构来推动高等教育的现代化改革。具体而言，大学生日常生活管理育人对于高等教育资源的贡献在于开源节流以及缩短转化的程序，提高利用的效益。

## （四）构建多维的管理育人模式

现有的日常生活管理育人的功能都被条块分割到具体的、独立的各层次的管理职能部门当中，它们各自为政、分头行动，无法对照呼应，更别提互相配合了。大学生公寓日常生活管理育人选择日常生活这样一个最普遍存在的平台，为这些育人功能的整合提供可能，并以此为基础，逐渐吸收先进的教育理念的精华，融合更多校园载体的育人效应，开发多元的育人资源为其所用，尝试推动构建多元立体的高校管理育人模式。首先，需要借鉴"全人"教育理念，在日常生活的细节中，创新优化德育方法，形成多元化改进的育人方式，将大学生培养成为有道德、有知识、有能力、和谐、全面发展的与日常生活相匹配的"全人"。"全人"教育以人的和谐发展为理念，从多方面——身体、智能、审美、情感和精神——提供人类个体知识，它以构建和谐世界为基础，编织人生持续的梦想，成为 21 世纪的全新教育理念。这一教育理念明确要求在对大学生提供服务的同时，也要注意培养学生的责任感，传播、树立民主、自由、平等等主流价值理念。具体要求在日常生活管理中，学生事务应该接受和欣赏不同的个性；鼓励和支持学生终身学习；进行有效的身份教育；培养学生的责任感；提高学生自身对学习与行为的认识与评估能力；尊重学生的多样性和多元化；反思和完善提高学生事务实践的价值；支持和满足学生的需要；促进民主表达自由；学生事务应促进专业化价值和奉献价值的发展。"全人"教育所应突出的"全"字体现在日常生活育人中，日常生活刚好是完善"全"字的角落和细节。只有日常生活才能提供如此全面的育人机会，为实现和谐教育的综合目标助力。充分考虑、合理定位细节管理育人的成效，于细节处端正大学生的价值取向。除却意识形态的影响，"全人"教育的理念值得我们在高等教育中实践，尤其是在与"全人"细节息息相关的日常生活管理当中落实和践行。

## 二、高校学生公寓文化建设的具体目标

### （一）完善学生公寓管理制度

布鲁贝克说："高等教育的目标是培养全面发展的有价值的人。"培养人是教育的立足点，是教育价值的根本所在，是教育的本体功能。高校学生公寓文化建设的首要目标是完善学生公寓管理制度，实现学生公寓管理制度的规范化、精细化。规范化体现在公寓文化顶层设计合理化和育人功能发挥最大化，精细化体现在目标精准和程序科学。

1. 推进学生公寓管理制度规范化

制度本身具有客观性、普适性、强制性、权威性、相对稳定性、规范性、导向性、历史性、秩序性、预期性等特征，具有激励、约束、整合、规范、保障、惩戒等功能，在提高效率和维持秩序方面具有独特的价值。制度制定的科学化、制度设计的合理化和制度功能的效优化是解决问题、提高效率、激发动力的关键，如果制度制定不科学，那么制度执行就达不到预期目的。高校公寓文化建设要遵循制度创新、制度稳定、制度分层和制度效能的特点，建立健全一套结构合理、配置科学、程序严密、激励约束有效的运行机制和监督机制。

一是领导必须高度重视学生公寓文化建设制度的价值，在制度设计过程中

按照上级的要求，结合学校实际和学生特点，树立科学的制度意识，优化制度创新，增强制度效能，达到科学、民主的制度安排，增强学习制度、执行制度和维护制度的自觉性。通过科学严格的制度规范，保证各项工作有章可循、有规可依，有效运行并达到科学化，从而充分调动各级党组织的积极性、主动性和创造性，保障制度主体树立全局观念、整体思想和长远考虑，而不是只顾局部、个体和眼前利益，充分尊重学生在公寓文化建设的主体地位，发挥大学生在公寓文化育人中的主体作用。加强大学生公寓文化制度体系建设，保证制度稳定、制度创新、制度层级和制度效能等各个要素之间的完整配套和有机协调，既能避免制度的重复建设，又能填补制度的漏洞空白，并及时清理一些过时的制度，以防制度之间的相互掣肘、相互制约、相互阻碍。按照高标准、高要求建设大学生公寓文化制度，使制度带有根本性、全局性、稳定性、长期性和先进性，发挥辐射、带动、示范和引领作用。增强大学生公寓文化建设制度与校园文化制度以及国家相关文件精神的耦合度，同时突出学校特点，展示学校风采，彰显学校文化实力。制定适度的激励制度，通过一套理性化的制度来反映激励主体与激励客体相互作用的方式和方法，充分调动所有参与大学生公寓文化建设人员的积极性、主动性和创造性，形成内聚力，增强向心力，提高执行力，促进大学生公寓文化建设的繁荣发展。

2. 推进学生公寓管理制度精细化

精细化管理是由日本企业在 20 世纪 50 年代提出的一种管理理念，在我国早已有细节决定成败的理念。"细"是精细化的必然途径，"精"是精细化的自然结果，不管何种企业、哪家单位，如想在日益激烈的竞争中立于不败之地，离开精细化管理，无异于缘木求鱼，学生公寓文化建设也不例外。实施精细化管理是公寓文化内涵发展的价值取向，精细化管理的思想引领原则、目标导向原则、科学规范原则、层层负责原则、民主参与原则、情感催化原则、科学评价原则、激励机制原则是一个有机的整体，保证精细化管理以人为对象、以人为主体的根本目的。管理精细化就是落实管理责任，将责任目标明确化、具体化、主体化，由"他律"向"自律"转变、由"要我管理"向"我要管理"转变、由"要我负责"向"我要负责"转变，形成纵到底、横到边、事事有人管、人人有专责、处处有管理、事事见管理、件件有成效的氛围。管理精细化要层层完善、机体健康、系统流畅、权力层层有、任务个个担、责任人人负，在日常管理中重设计、重长远、重细节、重过程、重落实、重监督、重质量、重效果，关键要在"细化""务实""精致"上下功夫，体现在"细"字上、落实在"实"字上、成效在"精"字上。因此，"精细"是一种创新意识、一种认真态度、一种良好习惯、一种精神境界、一种精益求精的文化，每一个步骤都要精心，每一个环节都要精细，每一项工作都要精品，树立精心是态度，精细是过程，精品是成绩的理念。

管理精细化要坚持以人为本，体现人文关怀，做到精心管理、贴心服务、用心育人，不断提高管理水平。对于教育背景、生活方式、家庭环境等方面不同的教师和学生，实施统一、呆板的管理服务是行不通的，要借助于精细化管理，明确公寓文化建设工作人员的责任，培养他们爱岗敬业、乐于奉献的精神，激发他们科学管理和服务育人的热情。另外，在感情上尊重公寓管理人员，信任他们和理解他们。在工作上实施目标激励、岗位激励和荣誉激励，激发他们发挥自身潜能，提高工作效率。

总之，在精细化管理中寻求服务质量的提升，以管理的精度谋求教育质量的高度，以管理的精彩来成就教育的风采，从而追求公寓文化育人的最大化，以实现校园文化和社会先进文化的繁荣发展。

## （二）提升学生公寓服务水平

### 1. 牢固树立人本化的服务理念

人本化也被称为人本主义、人文主义等，来源于拉丁文"humanitas"，最早起源于古希腊时期。"古希腊文明的特点及其最吸引人的地方之一，是不以神为中心，而是以人为中心，把对人的关注放在第一位，蕴含着明显的人文精神和人文理想。"自从20世纪六七十年代人本化教育理念在美国盛行后，重视人的个体性价值、强调受教育者个体的主导地位、追求生命个体的个性解放为主的一股教育思潮开始风靡全球。人本化教育理念尊重个体的生命价值，提倡人性向善，关注个体内在潜能的发掘，苏联著名教育实践家和教育理论家苏霍姆林斯基指出："教师要善于在每个学生面前，甚至是最平庸的、在智力发展上最有困难的学生面前，都向他打开他的精神发展的领域，使他能在这个领域里达到顶点，显示自己，宣告大写的我的存在，从人的自尊感的源泉中汲取力量，感到自己并不低人一等，而是一个精神丰富的人。"

大学作为知识的生产者、传播者，还兼有服务的职能。公寓作为高校的重要组成部分，也是如此。公寓文化建设的重要职能就是服务人本化，把尊重人、关心人、服务人、依靠人和发展人作为目标，始终把学生的全面发展放在第一位，其着眼点主要是满足学生的合理要求，从而调动学生的积极性和能动性，让每一个学生在受教育中达到他力所能及的成就，使得所有的教育活动都能培养自我完善、自我生成、自我实现的全面发展的学生。

公寓文化建设管理人员必须转变观念，牢固树立人本化的服务理念，把学生真正当作服务的主体和中心，实现科学化和人本化，体现民主、平等的精神。由奴化的教育转向自主的教育，由灌输转向对话与指导，由整齐划一、模式化转向多样化、个性化，由物化的教育转向人格化的教育，由决定性、顺从性的教育转向选择性、创造性的教育等，用发展、辩证的眼光看待每一个学生的优缺点，承认和张扬学生的个性，让学生有不同程度的自主权和选择权，培养学生的探索精神和创新能力，在文化熏陶中养成良好的行为习惯，形成积极的心理定式，构建健全的人格。营造人本化的公寓环境，为学生提供优美的学习和生活环境是高校责无旁贷的义务，也是学生享有受教育的权利。

### 2. 加强公寓文化的育人功能

在加强公寓软硬件建设方面，要坚持实用性和观赏性相结合，注重人性关怀，以学生赏心、悦目、便利、顺畅、实用为目的。另外，在活动环境营造上，要坚持以科学发展观为指导，以社会主义核心价值观为内容，以重大节日为契机，以丰富多彩、健康向上的公寓文化活动为载体，引导大学生从思想上、活动中不断充实和提高，促进大学生的全面发展。

学生公寓文化建设的目标是育人，因此，要把学生的成长发展作为高校公寓文化建设工作的出发点和切入点、着力点和落脚点，为学生的健康成长和未来发展提供优质、专业的服务，不断提高学生公寓文化建设工作的针对性、实效性。既要满足于学生现实发展的需要，又要满足于学生未来持续发展的需要，促进学生的可持续发展；既要满足于学生个体成长发展的需要，又要满足于实现中华民族伟大复兴的中国梦对人才的要求，促进学生在自身成长发展的同时为社会发展作出更大的贡献。

## （三）塑造良好学校风气

《辞海》中将"风气"解释为"社会上或某个集体中流行的爱好或习惯"。

在高校里形成的风气通常是校园文化体系中的一种流行文化，它以无形的感染力、凝聚力和控制力，规范、引领着师生的思想行为，外化为生动的人文景观，营造出独特的校园文化。高校公寓文化是校园文化的重要组成部分，对校园风气和文化的形成、积淀、传承和发扬起着至关重要的作用。

1. 营造公寓风气

蔡元培先生曾指出："诸君须抱定宗旨，为求学而来。"高校是一个教育人、陶冶人、感染人、激励人、塑造人的地方。校园文化渗透着学校特色精神、积淀着学校传统风气、包含着学校长期形成的校园风格，对大学生的人格塑造起重要作用。学校风气是影响校园文化的核心因素。

宿舍是学校的基本功能单位，是大学生朝夕相处的生活场所、思想碰撞的平台、情感交流的阵地、思想政治教育的载体。良好的宿舍风气对宿舍成员精神的影响意义深远。积极、健康、舒适、和谐、高雅、文明的宿舍风气，有助于大学生形成积极健康的价值观，增强心理素质，树立正确的集体观和道德观，增强社会责任感和使命感，加强自我约束力和控制力，从而树立正确的世界观、人生观、价值观，提高思想情操与认知水平。同时，来自不同家庭环境、文化背景、价值观念、民族习惯、信仰追求的学生在宿舍频繁流畅的交流探讨，相互碰撞、相互影响、相互促进、相互融合，形成独特的宿舍文化。他们又常常以宿舍群体的价值标准去评价、衡量周围成员的认知行为，从而不断提高自己的认知能力。另外，学风建设也是宿舍文化的核心内容，宿舍成员之间互相激励、互相促进、互帮互学的氛围，能在宿舍内孕育良好的学风，对于促进学校的学风起着积极的作用。

如果每个宿舍的风气都是积极的、健康的、向上的、高雅的，就形成了一个宿舍带动一个楼层，一个楼层带动一幢楼的联动辐射效应。除每个宿舍、每栋楼具有良好风气外，公寓园区风气的形成，还需要重视公寓管理员的素质、能力提升，帮助公寓管理员实现从管理到服务的转变，使公寓文化具体化、人性化、和谐化。同时，重视公寓园区的绿化、美化、亮化和人文环境建设以及公寓园区生活、学习、实践活动场所的配套，使每一栋楼宇、每一面墙壁、每一条走廊、每一棵花草、每一个角落，甚至弥漫在公寓园区的空气都散发着积极健康向上的气息。实际上，宿风、楼风是公寓园区风气的反映，公寓园区风气影响宿风、楼风的形成，宿风促进楼风。因此，寓风、楼风、宿风相互影响、相互促进、相辅相成，它们有利于班风的形成，最终有利于优良校风的形成。

## 2. 熏陶班级风气

学生公寓文化影响着学生的思想观念和价值判断，促进着学生的健康成长和人格发展，同样，学生的思想行为也影响着身边的人和周围的环境，他们从同一公寓走进不同班级，也影响着班风的形成和班级文化的建设。

班级是大学生的基本组织形式，是大学生自我教育、自我管理、自我服务的主要组织载体。任何组织或集体的建设与发展，都离不开文化的支撑和引领，班级建设也是如此。要着力加强班级集体建设，组织开展丰富多彩的主题班会等活动，发挥班级团结学生、组织学生、教育学生的职能。

班级文化是班级气质和班级修养的综合体现，以及由此而形成的独特的能够为全体班级成员认可和坚持的价值观、思想作风、行为准则、学习风气、学习环境的总和。班级文化的核心是班级精神和价值取向，直接影响到班风建设，因此，应精心凝练优秀班级先进文化，发挥班级先进文化的辐射、扩散效应。

班风是班级文化的核心，是校风、学风在班级的具体浓缩和生动体现，是指一个班级的精神面貌，是内在与外在的共同表现，由认知、情感、意志等多种因素构成，是经过长期、细致的教育和严格的训练，在全班逐步形成的一种行为风气。良好的班风是体现一个优秀班集体最典型、最集中、最直接、最具体的载体，对学生能起到熏陶、感染乃至激励的作用，是一种无形的、巨大的教育力量。同时，良好的班风为班级学生的成长、发展提供了一种有效的动力和压力，为学生的学习提供了一个不可或缺的优良环境，也体现了一个班级的创新力和凝聚力，使班级里人与人之间形成亲切和睦、互助互爱的氛围，培育学生勤奋进取、文明礼貌、遵规守纪、爱护集体、团结友爱的集体荣誉感和精神状态。

苏联教育家马卡连柯曾说："教师的个人榜样，乃是使青年心灵开花结果的阳光。"公寓辅导员要积极发挥指导、引领作用，大胆探索，不断创新，用自身的世界观、人格魅力、文化修养等潜移默化地影响学生。加强公寓组织建设，构建学生公寓党支部、团支部、宿舍建设"三位一体"模式，充分发挥各自作用并形成合力，帮助学生成长成才。完善公寓管理制度，保障学生健康成才，只有严格以制度约束，才有良好的公寓秩序，只有恰当的奖惩措施，才能鼓励先进，杜绝违纪。高校应突出公寓主题文化活动，积极创新思路和举措，把文化活动作为大学生思想政治教育的重要阵地，不断深化文化活动的育人功能，充分发挥先进典型的示范作用，激励大学生在成长中崇尚先进、见贤思齐，形成学生党员带学生干部、学生干部带宿舍长、宿舍长带本宿舍学生、各宿舍学生影响全体的工作格局，有力地促进全体学生健康成才，推动形成班风正、学风盛、聚力强的优秀班级风气，从而推动年级风气、学院风气的形成，进而促进校风的形成。

### 3. 丰富学校风气

教风、学风、寓风是校风的反映，校风影响着教风、学风和寓风，而教风、学风、寓风相辅相成、互相促进，最终形成校风。校风是学校发展的精神引领，是反映一所学校具有的比较稳定的状态和行为风尚以及全校师生共有的情绪、理想、愿望和行为习惯等因素的显性标志，学风和教风是校风最集中的体现。校园文化总体反映一所学校的文化品位和精神风貌，要紧密结合学校历史传统、未来发展趋势和师生的精神面貌、文化需求，以校训为核心，以校风、教风、学风为切入点，引导广大师生弘扬主旋律，突出高品位，努力形成思想解放、理念先进、氛围浓厚、学风优良、校园环境优美、情趣高雅、文化繁荣、富有创新活力的校园文化，不断增强学校的凝聚力、创新力和竞争力。

学生公寓文化是高校校园文化的亚文化，是校园文化的重要组成部分，对校风、教风和学风的形成起着重要的推动作用。校风好的学校里，教职员工往往追求真理、学术诚信、师德高尚、业务精良、敬岗爱业、乐于奉献、教书育人、率先垂范，担起人类文明知识的传播者、学生思想道德的启蒙者、美好心灵的塑造者。学生往往是勤奋踏实、诚信严谨、持之以恒、勇于创新、朝气蓬勃、奋发向上、尊敬老师、个性张扬、全面发展，担起先进文化的传承者、社会主义核心价值观的实践者、中国特色社会主义事业的继承者。学风，即"广泛地加以学习，详细地加以求教，谨慎地加以思考，踏实地加以实践"。学风是建设良好校风的重要条件，是学生思想品质、学习精神与综合素质的集中体现，是学生成长的基础和前提，体现一所高校的办学理念、校风和大学精神，同时也是学校办学管理水平和治学态度的综合反映，它直接影响和决定人才培养的质量。而学风建设的主体是学生，核心是学生，目的也是学生，一切为了学生的全方位发展。因此，高校要充分调动和发挥学生的积极性、主动性，挖掘学生的潜能和培养学生的创造能力。在公寓文化建设过程中，大力开展以"中国梦"为主题的学风教育，强化学生的创新精神，积极探索"学习、科研、创新、学习"的创新型学习模式，以大学生创新性计划项目活动为基础，以"挑战杯"中国大学生创业计划竞赛、中国青少年科技创新大赛为重点，全面推进大学生科技创新活动，引导大学生自觉践行社会主义核心价值，凝聚智慧和力量，培养知识型、创新型、竞争型的学生群体，引领学生成长成才。

## （四）锤炼学生意志品质

学生是祖国的未来、民族的希望，是中国特色社会主义事业的建设者和接班人。通过公寓文化加强大学生思想政治教育，其内容必须满足社会的价值期待和符合具体国情，同时，实现学生个人价值。所以，引导大学生树立正确的政治观、道德观、生命观、发展观和消费观，是坚定中国特色社会主义道路自信、理论自信、制度自信的重要基础，是实现中华民族伟大复兴的中国梦的重要基石。

### 1. 塑造学生的政治观

习近平在 2021 年清华大学考察时强调："广大青年要肩负历史使命，坚定前进信心，立大志、明大德、成大才、担大任，努力成为堪当民族复兴重任的时代新人，让青春在为祖国、为民族、为人民、为人类的不懈奋斗中绽放绚丽之花"。中国梦是历史的、现实的，也是未来的；是国家的、民族的，也是每一个中国人的；是我们的，更是青年一代的。中华民族伟大复兴终将在广大青年的接力奋斗中变为现实。我们党始终代表青年、赢得青年、依靠青年，始终重视青年、关怀青年、信任青年，我们必须努力把他们培养成为祖国建设的有用之才、栋梁之材。

政治观是人们对国家的政治关系、政治活动的根本观点。所以，加强学生政治观教育，是大学生公寓文化建设的重要环节，也是学生社会主义核心价值观教育的重要内容，学生的政治观直接关系着高校人才培养质量，关系着中国梦的实现，更关系着祖国未来发展。因此，高校公寓文化建设应遵循以下几个方面加强学生的政治观教育。

以"中国梦"的精神内涵作为大学生政治观教育的核心内容。目前社会价值多元化，其中的拜金主义、享乐主义等，让少数青年混淆价值、迷失自我，抱怨没有自我施展空间，对现行道路产生动摇，或者无所事事、虚度光阴。在公寓文化建设过程中，我们应坚定学生正确的政治立场，陶冶学生高尚的道德情操，培养学生热爱祖国、热爱人民、热爱党的高尚情感，增强学生的社会责任感和民族自豪感，激发学生对社会主义事业的极大热情，聚集学生信念的力量、精神的力量和行动的力量，以学生的责任感和使命感汇聚青春的正能量，顺应时代潮流，自觉认同并沿着中国特色社会主义道路前行，将个人的梦想实现与中华民族伟大复兴梦想的实现紧密结合，以小我激发大我，积极投身于社会主义建设和实践中去，铸就更加辉煌的事业，为国家的繁荣昌盛、人民的幸福安康、中国梦的实现作出应有贡献。

以理想信念教育作为学生政治观教育的重要内容。在公寓文化建设过程中，高校要通过专题讨论、社团活动、演讲报告等形式，把社会主义核心价值体系有机融入校风、学风建设，融入重大事件的纪念或庆典活动中，发挥社会主义核心价值体系的引领作用，帮助大学生树立正确的理想信念，养成良好的行为习惯。通过纪念征文、知识竞赛、演讲比赛、歌咏会、主题实践活动等形式，帮助大学生不断加深对党的历史、党的知识、党的理论和路线方针政策的认识。公寓文化应注重加强对大学生进行马克思主义宗教观教育，用社会主义核心价值观武装学生，引导学生正确认识宗教的本质、根源。

以实践教育作为大学生政治观教育的重要途径。在公寓文化建设过程中，通过志愿服务、公益事业等实践活动，引导大学生走向社会、走进基层，使他们在与社会接触、与群众交往的过程中，了解国情、了解民情，加深对社会的认识，在艰苦环境中磨砺意志，在实践锻炼中增长本领，在奉献祖国中成长成才，强化他们对社会价值观念和道德准则的了解和认识，培养优良的道德品质，促进正确价值观的形成，增强大学生的责任感、使命感，通过实践的检验和锻炼，使社会主义核心价值体系成为大学生坚定的内心信念，并转化为行为习惯，落实到日常行为之中。

### 2. 提升学生的道德观

著名教育家陶行知先生曾指出："道德是做人的根本一环，纵然你有一些学问和本领，也无甚用处。否则，没有道德的人，学问和本领愈大，就能为非

51

作恶愈大。"何谓道德观?《伦理百科辞典》对道德观的解释是"对社会道德现象和道德关系的整体认识和系统的看法,与人的价值观和人生观紧密相连"。道德观指人们对道德的根本看法,是人们的一种心理活动,自律是道德观形成的核心,他律是道德观形成的辅助,因此,道德观强调人们对道德规范的自觉遵守和对人的社会性的自我约束以及心理约束意识。实现中华民族伟大复兴的中国梦,本质是对人才的需求,大学生道德观正确与否,直接关系到国家和民族的命运。党的十八大以来,以习近平同志为核心的党中央站在确保党和人民事业薪火相传的战略高度,亲切关怀青年成长成才,为做好新时代青年工作指明了前进方向。习近平总书记围绕青年工作发表的一系列重要论述立意高远、内涵丰富、思想深刻,阐明了新形势下青年工作的重大理论和实践问题,指明了当代青年的历史使命和成长道路,引导青年树立远大理想、热爱伟大祖国、担当时代责任、勇于砥砺奋斗、练就过硬本领、锤炼品德修为,激励和动员广大青年为实现"两个一百年"奋斗目标、实现中华民族伟大复兴的中国梦而勤奋学习、努力工作,具有十分重要的意义。广大青年一定要把正确的道德认知、自觉的道德养成、积极的道德实践紧密结合起来,提高品德修养,弘扬传统美德,倡导新风正气,用高尚的道德行为推动全社会文明程度的提高。

目前,由于受西方文化、高等教育大众化、宗教文化、家庭教育、网络文化、消费文化等诸多因素的影响,部分大学生表现出道德观念模糊、道德行为失范、道德情感冷漠、以自我为中心、追求享乐、金钱至上、诚信缺失、不懂感恩等现象。因此,大学生思想政治教育的主要目标是帮助大学生拥有积极、健康的人生态度,提高大学生的思想道德素质和文化素质,提高大学生认识世界和改造世界的能力。柯尔伯格强调高校德育教育的重要任务,一是注重培养学生的道德行为,二是提升学生的道德判断能力,并将二者有机结合起来。公寓文化建设是为大学生思想政治教育服务,道德观教育也是大学生公寓文化建设的重要内容,应着重从以下方面入手。

坚持用中华优秀传统文化塑造大学生的道德观。优秀传统文化是中华民族长期历史发展积淀的产物,具有强大的民族凝聚力。在当今多元文化的视域下,一定要拨开迷雾见明月,坚持以中华优秀传统文化为根基,加强大学生爱国主义教育、理想信念教育、民族精神教育以及中国梦的内涵教育,不断增强传统文化的认同度,繁荣中国特色传统文化,增强中华文化的魅力和生命力。

坚持用社会主义核心价值观引领大学生的道德观。要把培育和践行社会主义核心价值观融入大学生思想政治教育全过程，增强大学生价值观教育针对性和实效性；把培育和践行社会主义核心价值观融入大学生公寓文化建设的全过程，使核心价值观影响像空气一样无所不在，充分发挥文化化人的功能。公寓文化活动是大学生培育和践行社会主义核心价值观的重要载体。以公寓文化活动为核心的隐性作用在人的情感等非智力因素的发展中有着潜移默化的作用，能使大学生在不知不觉中形成正确的道德观。

### 3. 树立学生的生命观

马克思指出："全部人类历史的第一前提无疑是有生命的个人的存在。"生命对于个体来说，具有自我价值，是人生存的根本，是一切活动的基础和前提。对他人和社会来说，生命具有社会价值，是社会存在和延续发展的前提。因此，人的生命是最宝贵的，应该珍惜。生命观是个体对生命及其意义的基本看法和根本观点，是世界观的一种。生命观反映社会的文明程度，是生活态度和生活理想的具体体现，包括生命认识、生命态度、生命价值和生命信仰。

目前，大学生主流群体对生命认识正确、生命态度积极、生命价值观健康、生命信仰科学，但是少数大学生心理承受能力、生命认知能力、心理承受能力较弱，导致生命意识模糊、生命态度消极、生命行为失范、生命价值观缺陷、生命信仰缺失，不仅给自己和家庭带来无法治愈的伤痛，也给社会造成无法平息的负面影响，更给国家造成不必要的人才损失。在公寓文化建设过程中，应着重从以下几个方法加强大学生生命观教育。

通过公寓文化活动，帮助学生树立正确生命观。生命是人类生存的基础，只有生命存在，才能实现人生价值。在公寓文化活动中，让大学生体悟尊重生命、关注生命、保护生命、热爱生命、享受生命，不断地超越自己生命的意义，增强感恩文化教育，感恩父母、感恩老师、感恩同学、感恩学校、感恩社会，包容理解身边的人，不仅要热爱自己的生命，也要热爱他人的生命。

加强心理健康教育，培育大学生健全人格。马克思说："对不希望把自己当愚民看待的无产阶级来说，勇敢、自尊、自豪感和独立感比面包还重要。"教育是塑造人的灵魂的伟大事业，是心灵与心灵的沟通、灵魂与灵魂的交融、人格与人格的对话。应培养大学生的发展性心理品质和乐观向上的品格，让他们学会创造幸福，分享快乐。同时，要关注学生的内心世界，塑造学生纯真完美的心灵。另外，也应加强学生心理辅导，注重对学习困难学生、贫困家庭学生、单亲家庭学生等特殊群体学生的关怀和帮助，在潜移默化中，使学生认识到，人生的价值在于健康的人格、良好的心理素质、豁达的生活态度以及对社会的责任感等，引导他们全面平衡地追求并实现这些人生目标，从而将自身的发展要求与国家、社会、民族的发展目标有机地统一起来。

增强生命体验性教育。狄尔泰认为生命是一种结构关联，此结构由认识、情感、意志三要素组成。实践是检验真理的唯一标准，在实践中提高认识，在认识中体悟生命的真谛，方能增强大学生生命观教育的实效性和针对性；在实践中培养正确的生命观念、积极的生命态度，方能激发他们对知识的渴望和对人生的探索，尊重生命、欣赏生命，不断提升对生命价值和意义的感知力。

### 4. 端正学生的消费观

"俭则约，约则百善俱兴；侈则肆，肆则百恶俱纵。"这说明勤俭是我们的传家宝，什么时候都不能丢掉，在公寓文化建设活动中，要大力弘扬中华民族勤俭节约的优秀传统，要坚持积极、正确的消费导向，大力宣传节约光荣、浪费可耻的思想观念，努力使厉行节约、反对浪费。应从以下几个方面培养大学生正确的消费观。

倡导大学生理性消费。引导学生不沉迷于低级庸俗的物质消费和精神消费，自觉引导积极向上的消费心理、消费行为、消费方式和消费观念，在正确消费观指导下，进行符合自己的身心健康发展和完善自己的高尚精神、道德情操以及知识技能的合理消费，从而获得理智的满足、精神的愉快，陶冶情操、升华道德。

培养大学生的理财意识。增强大学生的责任意识、忧患意识、危机意识和感恩意识，弘扬优良传统，培养学生厉行节约的习惯，使他们认清自己的身份和自己所肩负的历史使命，珍惜父母和他人的劳动，正确对待金钱，保持健康的消费心理，培养吃苦耐劳的精神。

建立教育、制度、监督、惩处并重的工作推进机制。应建立一套完善的节俭监督制度，让"他律"与"自律"有机结合，引导学生形成正确的消费观，培养大学生对国家、社会、学校、父母的感恩之情，积极投身社会公益事业和志愿服务活动中。让学生懂得"一粥一饭，当思来之不易；半丝半缕，恒念物力维艰"的道理，以实际行动回馈社会、回馈学校、回馈父母、温暖他人，用大爱传递正能量，牢记中华民族勤俭节约的传统美德，让节约成为一种习惯、成为一种品质、成为一种境界，彰显大学生的精神风貌。

总之，大学生理性消费心理的塑造除大学生自身和学校的努力外，也需要家庭和社会的参与，为大学生营造良好的消费环境，将理性消费真正落实到平时的生活细节中。大力弘扬人人节俭、事事节俭、时时节俭、处处节俭的健康文明风尚，使大学生牢固树立正确的人生观、世界观和价值观，养成科学合理的消费观。

### 5. 引导学生的发展观

唯物辩证法认为无论是自然界、人类社会还是人的思维都在不断地运动、变化和发展。苏霍姆林斯基认为全面和谐发展的人，就是把丰富的精神生活、纯洁的道德、健全的体格、和谐的心态结合在一起的新人，是高尚的思想信念和良好的科学文化素养融为一体的人，是把对社会的需求和为社会劳动和谐统一起来的人。因此，人的发展是社会发展的核心。罗杰斯将学生发展定义为："学生在高等教育机构中，不断地成长、进步，各方面能力得到提升的方式。"美国心理学家奇克林提出大学生要注重提高发展能力、管理情绪、自我管理、成熟的人际关系、成长目标、自我完善的能力。随着我国高等教育大众化，大学生的发展呈现出新的特点和需求。因此，公寓文化建设应着重从以下几个方面关注学生的发展。

关注大学生实际需求和发展要求。坚持以学生为本，尊重大学生的快速成长而又未必成熟的现实，他们的思想行为具有很强的易变性、可塑性、敏感性、波动性和依赖性，他们的思想观念、行为模式和价值取向难免会出现这样或那样的问题，要用辩证和发展的眼光分析问题、认清主流，准确把握大学生成长发展的动态。找出问题、把握重点，既要看到大学生成长发展阶段的问题和不足，又要善于发现他们的长处和优势；解决问题、因势利导，关注大学生的生活实际、现实需求、实际困难，为大学生全面发展营造良好的氛围和成长环境。

关注大学生的身体素质。身心健康、体魄强健、意志坚强、充满活力，是一个民族旺盛生命力的体现。近几年的国民身体素质检测报告显示，在校大学生的身体素质在下降，因此，要引导学生走出宿舍、走向操场、走进大自然，培养积极、健康的生活方式，树立健康的人生观和成才观，促使学生健康发展。

关注大学生的心理困惑、心理冲突和心理障碍。坚持以生为本、科学有效、重点干预、全面辅导的原则，构建学校、心理辅导中心、学院、班级、宿舍五级心理健康教育体系，形成全面覆盖、无缝对接、及时有效、动态跟踪的心理危机预防干预机制，打造发展性心理健康教育模式，引导学生树立健康的心态，促使学生和谐发展。

倾听大学生的利益诉求和发展需要。加强就业指导，开拓就业市场，提供就业信息与服务；适应市场需求，调整专业设置，更新教学内容，提高教学质量，强化实践环节，开展创业教育，提供创业支持；提升大学生就业能力，转变大学生的就业观念，树立正确的择业观和发展观。

## （五）加强学生综合能力

中共中央国务院《关于进一步加强和改进大学生思想政治教育的意见》指出："坚持教育与自我教育相结合。既要充分发挥学校教师、党团组级的教育引导作用，又要充分调动大学生的积极性和主动性，引导他们自我教育、自我管理、自我服务。"学生的自我调节能力与学生的成长发展成正比关系，因此，在大学生公寓文化建设过程中，学生的主动参与，必然在潜移默化中提高了他们的综合能力。

### 1. 培养学生的自我教育能力

"自我教育是一种重要的教育理念，是发挥学生学习的自觉性、主动性的重要途径。"自我教育是指教育者按照受教育者的身心发展阶段予以适当的指导，根据社会规范和自身发展需要，在自我意识的基础上，按照教育者的要求，发挥受教育者的自觉性、主体性、积极性和创造性，通过受教育者的自律和内省达到认识自我、全面发展、实现自我的教育活动。

自我教育的特征体现在教育主体与教育客体的结合、自我教育与学校教育的统一，受教育者不仅是教育客体，也是教育主体。苏联教育家苏霍姆林斯基曾指出："只有激发学生去进行自我教育的教育才是真正的教育。"自我教育是教育的核心目标，任何教育最终目的的实现，都是以自我教育为基础。联合国教科文组织在《学会生存——教育世界的今天和明天》中指出："未来的学校必须把教育的对象变成自己教育自己的主体。""只有包含有自我教育的教育才是真正的教育。"主体性是人类的一个基本特征,马克思曾指出:"一个种的全部特征、种的类特征就在于生命活动的性质,而人的类特征恰恰就是自由的自觉的活动。"

大学生阶段正是人的自我意识日益成熟、主体性人格日益完善的重要时期。因此,高校公寓文化建设应从以下几方面提高学生的自我教育能力。

注重引导大学生树立正确的自我意识。加强对大学生世界观、人生观和价值观的教育,激发大学生自我教育的内在动力和潜能,调动大学生自我教育的积极性和主动性,促进大学生对理想自我的认识和认知,引导和帮助大学生坚定自我教育的需求和信念。

注重引导大学生提高自我教育能力。引导大学生在寻梦过程中,从实际出发,制定科学合理的人生目标,不断用中国特色社会主义理论体系构筑自己的精神支柱,不断培育和践行社会主义核心价值观,增强历史使命感,将个人梦想融入中国梦,将个人理想融入社会主义共同理想,学会独立观察和自我评价,学会提出问题和分析问题。

注重引导大学生锤炼自我反思的能力。引导大学生勇于正视自我,敢于照镜子、亮底子,在自我反思中,不断正确地认识自我、激励自我、鞭策自我、监控自我、改进自我、肯定自我、建构自我、完善自我、凸显自我和超越自我,从而不断提高大学生自我反思的能力,使自我教育在大学生成长过程中发挥最大的效能,实现理想目标以达到理想自我的程度。

## 2. 增强学生的自我管理能力

自我管理理念奠基于美国伊利诺伊州大学的荣誉教授 Frederick 所提倡的自我调整,北大校长蔡元培曾提出:"我们既自以是人,尊重自己的人格,且尊重他人的人格,本无须他人代庖。"这说明蔡元培认为自治比被治要好,自治在尊重自己的同时还要尊重他人,做自己的主人。自我管理是指个体在拥有自我意识、自主意识和自由能力且能正确认识自己的前提条件下,自觉地对自己的目标、思想、心理和行为进行的管理,为了实现组织的目标,通过合理的自我设计、学习、协调和控制等环节,以获得个人自我实现和全面发展为价值诉求的管理实践活动,最终实现自我奋斗目标的过程。

在高校学生公寓文化建设过程中,如何调动大学生参与的积极性、主动性,使大学生从被动服从者转变为主动参与者和管理者,真正达到由"他律"

到"自律"的转变?

树立以生为本的管理意识,增强学生的主体意识。引导学生由被管理到要管理进行转变,调动学生主动参与到公寓文化建设中的积极性,让学生真正意识到他们才是公寓文化建设的主体,把公寓当成自己的家,把自己当成公寓的主人,从而起到学生在公寓文化建设中的相互制约和相互监督的作用,增强学生的主人翁意识、责任感和使命感。

搭建学生自我管理载体,培养大学生自我管理的能力。通过党团组织进公寓,发挥党团组织的示范引领作用和先锋模范作用,激发学生见贤思齐;通过社团组织进公寓,培养学生的归属感、认同感和集体荣誉感,提升团队协作精神和心理受挫能力,进而培养学生的优秀品质。

加强公寓文化队伍建设,严把公寓管理员进口关。公寓管理员的年龄、学历、学识等应与大学生发展相适应,从而更好地促进学生自我管理能力的提高。同时,建立职业化的学生自我管理指导教师队伍,加强学生自我管理的科学化指导,把握学生的个性特点、年龄特征和个人诉求,突出学生主体性,引导学生进行自我管理,激发学生自我发展的内驱力。另外,利用教师的人格魅力、学识修养、职业素养和管理水平,在潜移默化中影响、带动学生提高自我控制和自我约束的能力。

积极搭建自我管理实践活动平台,在实践中磨炼意志、涤荡心灵、锻炼能力,让学生管理有平台、展示有舞台、发展有空间。

总之,高校要建立积极有益的新型管理体系,鼓励学生积极参与公寓文化建设和学校日常事务管理,引导学生树立正确的信念和追求,培养学生的潜能和主体意识,规范学生的日常行为,引导学生形成健康的人格,使学生深刻认识到主人翁地位的重要性,提高自身的责任感与自觉性,从而促进学生自我管理能力的提高。

### 3. 提升学生的自我服务能力

大学生的自我服务体现了大学生主体性与创造性的发挥,包括个体性、群体性和社会性自我服务的有机结合。个体性自我服务是指大学生自身学会独立,自主适应环境,自我心理调适,自主地规划人生,能正确处理人际关系和安排自己生活,解决学习生活中遇到的各种困难,从而达到教育、提升自我服务的效果。群体性自我服务指学生群体参与以社团或团队或协会或组织单位为主要形式的服务，涉及学习生活、实践活动、人际关系、志愿服务、公益活动等方面，受益者是参与组织或团体的大学生群体本身。社会性自我服务是指学生在校园以外以承担社会发展责任，比如公益活动、志愿者服务活动等，显性受益群体为社会公众，隐性受益群体则为大学生自我。公寓文化建设通常具有相对完善的设施条件，集组织机构、制度保障、环境布局、活动载体、娱乐休闲、信息交流等功能于一身，面向学生开展各种服务。同时，公寓园区的服务又能延伸到社会公益组织，构成完善的服务网络，通过这些组织提供的活动场所和设施，支持和协调更加广泛的服务。

古人云："授人以鱼不如授人以渔。"公寓文化为学生提供服务的同时，高校应更加注重学生自我服务能力的提升。学生自我服务的内涵丰富，但最终目的是充分调动学生自我教育、自我管理、自我提升的积极性和主动性，锻炼适应社会、引领社会的能力，增强集体意识、大局意识、协作意识和团队意识，培养大学生服务社会、奉献社会的精神。高校应从以下几方面提高学生的自我服务能力。

做好规划，彰显个性。大学生学习生活的独立性、自主性和创造性都很强，帮助学生根据自身的实际情况，科学合理地规划好自己的人生目标，并根据时势的变化及时调整规划，实现自我服务的可持续发展，彰显个体性自我服务价值。

学会感恩，学会珍惜。提醒学生时刻铭记别人对自己的关怀和深情厚谊，将来走向社会，能够用博大的胸怀关心服务需要帮助的人。

勤于学习，善于创造。帮助学生不断用中国特色社会主义理论体系构筑精神支柱，不断培育和践行社会主义核心价值观，向书本学习，向实践学习，向榜样学习。例如，湖南城市学院通过评选"党员模范公寓""文明公寓""学风优良公寓""优秀楼栋长"等，以榜样来示范引领。引导学生在学习中学会创造，在创造中推动学习，提高辩证思维、战略思维、创新思维的能力。

志存高远，脚踏实地。引导学生把个人命运同祖国的命运紧密结合起来，立足社会，做一个有益于社会、有益于国家的人，不断提高个体性自我服务水平。

团结协作，顾全大局。引领学生不断增强团队意识、大局意识和集体意识，不断提高群体性自我服务的水平。

服务社会，乐于奉献。引导学生积极参与社会公益活动和志愿者服务活动，增强责任感和使命感，增强奉献意识和服务意识，不断提高社会性自我服务的水平。

总之，要通过大学生公寓文化影响学生，不断提高学生自我服务意识，使管理、教育和服务由有形变无形，内化于心，外化于行。

### 4. 强化学生的自我完善能力

卢梭认为人与动物的区别之一就在于人具有自我完善能力，这种能力的不断发展，使人类逐渐从自然状态过渡到社会状态。自我完善是一种奋发向上的精神品质，自我完善不以任何人为竞争对手，而能够清晰认识到自己存在的某些不足，通过努力使当前的自我不断超越过去的自我，这种超越是当前的自己与过去的自己之间的比较，只要感觉比以前进步了，即便没有超越他人，也能获得成功的体验，从而增强自信心，提高竞争力，激发驱动力。自我完善追求的最高目标是自己的能力得到最大限度发挥。因此，应着重从以下几个方面提高大学生自我完善的能力。

引导学生在读书明理中自我完善。高尔基曾说："书籍是人类进步的阶梯。"书籍是青年人不可以分离的生命伴侣和导师。书籍为理智和心灵插上了翅膀。苏霍姆林斯基曾说："没有阅读，就不可能产生有意义的思考。"古人云："腹有诗书气自华。"上述名言充分说明了读书的重要性，书籍是规范人生的紧箍咒、奋发向上的座右铭、指导行动的航向标，它不但帮助学生汲取知识、拓宽视野、开阔思维、提高能力，也能引导学生注重自身发展，启发学生自我反思，弥补自身不足，激发学生的潜能，帮助学生制订科学合理的改进计划，从而促使学生不断完善并超越自我，并不断获得新的成功。

引导学生在社会实践中自我完善。社会实践是大学生自我完善的有效途径，能帮助大学生比较客观地自我评价，激发大学生自我成就动机，促使大学生个性逐渐成熟，发挥大学生自我完善的主观能动性，激发大学生参与实践的自觉性和积极性，不断增强大学生服务国家、服务人民的社会责任感、勇于探索的创新精神、善于解决问题的实践能力，强化大学生的参与意识、竞争意识、责任意识、进取意识、大局意识、公平意识、效率意识、团队意识、法律意识，使学生在自我完善中始终保持最佳心理状态，保持自我完善的热情和毅力，让学生在实践活动中受教育、长才干和作贡献。

引导学生在网络视域下自我完善。在理论上指导、思想上启迪，培养大学生独立分析和解决问题的能力，提高大学生的思维能力和实践能力，用正确、积极、健康的思想文化占领网上阵地，及时帮助大学生进行有理有据的分析，鉴别是非。强化道德规范教育，增强自律意识，增强道德情感体验，提高大学生的免疫力，优化网络道德教育环境，提高大学生道德判断水平和自我控制能力，培养大学生具有高度道德自律和自我约束意识，充分激发大学生的上进心和创造性，在积极、健康、和谐的网络上实现自我完善。

　　总之，高校通过公寓文化强化大学生的自我完善能力，实现大学生的健康发展、和谐发展、科学发展，满足学生全面发展的目标，满足学生目前发展和持续发展的需要。

# 第三章　高校学生公寓文化建设的原则

原则是指说话或行事所依据的法则或标准，高校学生公寓文化建设原则，是指在公寓文化建设过程中，正确处理各种关系、协调各种矛盾、保证方向目标所必须遵循的准则。高校学生公寓文化建设的原则形成于实践，体现高校学生公寓文化建设的规律性与价值性，高校公寓文化建设的规律和目标是确立其原则的重要依据。"原则不是研究的出发点，而是它的最终结果；这些原则不是被应用于自然界和人类历史，而是从它们中抽象出来的；不是自然界和人类去适应原则，而是原则只有在符合自然界和历史的情况下才是正确的。"也就是说，高校只有在学生公寓文化的建设实践过程中，认识到大学生思想实际需求规律和建筑设计规律，才能抽象概括出正确的原则。

## 一、坚持原则性与灵活性相统一

### （一）坚持方向性原则

方向性原则是决定并保证事物性质和发展方向的准则，是引导事物实现发展目标所遵循的原则，是事物发展应遵循的基本方针和指导性原则，对事物发展起决定性作用。高校学生公寓是对大学生进行思想政治教育的有效阵地，而社会主义教育方针是"坚持教育为社会主义现代化建设服务、为人民服务，把立德、树人作为教育的根本任务，全面实施素质教育，培养德智体美全面发展的社会主义建设者和接班人"。高校学生公寓文化作为校园文化的重要组成部分，是对大学生进行日常生活教育的重要阵地，这就规定了高校学生公寓文化建设的总方向必须旨在实现大学生的培育目标，贯彻国家教育方针，沿着社会主义教育方向推进，不偏不倚，以学生为本，为学生服务，致力于培养全面发展的社会主义合格建设者和可靠接班人。《关于进一步加强和改进大学生思想政治教育的意见》明确指出："校园文化具有重要的育人功能，要建设体现社会主义特点、时代特征和学校特色的校园文化，形成良好的校风、教风和学风。"这就明确指明了高校学生公寓文化建设的方向：一方面要坚持社会主义方向，围绕党的中心任务培育社会主义合格建设者和可靠接班人，坚定大学生的中国特色社会主义共同理想，坚定共产主义信仰；另一方面要与时俱进，彰显时代特色，通过各种公寓文化形式宣传当前国内外形势与政策，同时，公寓文化要凸显个性，体现学校特色。个性，是公寓文化的闪光点和着力点，应根据学校类型、办学历史、专业特点，明确培养目标，适应社会的发展，形成高校自身的公寓文化特色。

## （二）坚持变通性原则

变通性即灵活性，是指思维能够触类旁通，随机应变，根据出现的新形势、新情况和新问题适时调整活动的方式方法，转变原有的道路，克服头脑中某种自己设置的僵化的思维框架，通过灵活具体的方式达到既定目标。"变"即改变、转换，是主导性中的多样化，是原则规定下的灵活性，是通向既定目的地的多条道路，是保持方向不变的多种具体方式。"通"即指目标的同一性、方向的不变性和原则规定的通约性。这种变通是富于洞察力、辨别力、判断力和敏锐智慧的灵活转变，是与教条主义和本本主义相对立的方法原则。变通性坚持了解放思想和实事求是，既从实际出发，按照客观规律办事，又适应客观情况变动不居的态势，永远处在不断思考、挖掘和探索的状态。高校学生公寓文化属于校园文化的重要组成部分，它的建筑风格、基础设施、文化标志物、规章制度等都沿袭中国特色社会主义的办学方向，秉承以人为本的理念。然而，随着时代的发展，高校大学生的思想特点发生了新变化，社会对人才的要求也有所改变，高校管理制度也逐渐从强制走向柔性化管理等。因此，学生公寓文化建设应自觉根据变化了的实际情况变革过去的陈规陋习，使新时期的公寓文化与时俱进，跃上新台阶。

这种变通性主要表现在：高校在坚持总体方向性原则不变的前提下，摒弃过去那种整齐划一的公寓文化建设方案，注重具体的、个性化的文化建设，确立以人为本、注重大学生主体性的人性化管理制度，如及时更新文化橱窗、时事政治展示栏等，宣传现时代国内外重大事件；对过去陈旧的服务设施进行整修换购等，为大学生提供更加优质齐全的住宿条件及公寓公共服务。

### （三）坚持普遍性与特殊性相结合

高校学生公寓文化建设要坚持方向性与变通性原则相结合，方向性原则是决定性的，变通必须以方向的不动摇为基础；变通性原则是补充，只有坚持不断改变、探索和重建，才能保持方向引领下的生命力所在。方向性强调统领，强调坚持和继承，顶层的设计和规划，是保持高校学生公寓文化坚持马克思主义一元主导性的保证。邓小平指出："我们干的是社会主义事业，最终目的是实现共产主义。这一点，我希望宣传方面任何时候都不要忽略。"方向是长期的不可动摇的，是必须要坚持的准则。变通性则强调灵活，强调与时俱进，具体问题具体分析，不能照抄照搬，而是根据变化了的实际不断重新变更调整，不断打破旧的思维框架，重新立规。变通性是高校学生公寓文化保持时代特色，满足新时期大学生不断增长的物质文化需求的保障。要更好地贯彻方向性原则，高校就必须将坚定的原则性与变通的灵活性结合起来，一方面将马克思主义的主导思想、社会主义的办学方针渗透到公寓文化的方方面面，潜移默化地影响大学生的价值观，并以方向原则统摄全局；另一方面，要不断改造旧有的、不适应新时代大学生全面发展的过时文化内容，在坚持社会主义教育方针的前提下重新探索建构新的公寓文化，不断促进学生的全面发展。

## 二、坚持理论性与实践性相统一

实践是发展的，理论也应是发展的。随着时代的发展与进步，文明有序传承，知识持续创新，高等教育改革深入发展，后勤社会化改革不断推进，新媒体广泛应用。面对西方文化的侵蚀以及"00后"学生呈现出的新特点，公寓文化在人才培养、校园安全稳定、学生身心和谐等方面的作用越来越重要，公寓文化的地位也越来越凸显。

### （一）理论研究是基础支撑

只有运用正确的理论，才能指导实践走向成功。随着时代的发展和社会的进步，不同学者对公寓文化的内涵和特征等都赋予了新的内容。

有学者研究认为公寓文化作为文化的子系统，有社会先进文化和校园文化的总趋向和特征，但同时它又有自己独特的鲜明特征，对大学生的健康成长成才以及未来走向社会发挥着不可替代的作用。姬晨的研究认为公寓文化对推动大学生身心健康成长和学生工作的进步具有重要意义，后勤社会化影响了校园文化对学生成长的作用，更影响了高等教育的人才培养质量。周长茂研究发现消极的公寓文化败坏校风，也腐蚀学生思想，更影响人才的培养。于国军等提出团学组织对公寓文化建设的重要作用。何腾念提出构筑公寓人本文化的概念，从管人到育人关心人的思想转变。段美清探讨了公寓文化建设对大学生素质教育的重要作用。王国义进一步研究认为良好的公寓文化对大学生的思想道德素质、科学文化素质、心理素质等非智力素质能产生深远的影响。肖中瑜研究发现高校后勤社会化改革向纵深发展，使公寓文化建设呈现出主体多元化的特点，导致主体间平等话语权、交往、共识观念的缺失，使学生公寓文化建设面临困境。黄丹等研究提出公寓文化伴随大学生思想、认知、性格、追求的不断碰撞、磨合直至相互融合，最终可以形成极富凝聚力的文化氛围，对大学生的成长具有重要作用。贺治成等研究提出通过不同途径建设公寓文化向文化公寓转变的新视角。公寓文化以公寓社区为载体，以大学生为主体，以部门联动为机制，以环境建设为基础，以制度建设为保障，以积淀创新为原则，以校园和谐为目标，以社会主义核心价值观为内容，以思想政治教育进公寓为途径，以文化活动为平台，以公寓精神为特征，以学生成才为核心，在潜移默化中产生的富有思想性、知识性、趣味性的公寓文化，能够凝聚浓厚的校园精神和人文气息，彰显大学生的人格魅力和文化品位，激发大学生勇于奉献和敢于担当，陶冶大学生的道德情操和高尚品质，丰富大学生的文化生活和精神世界，对促进学校校风、教风、学风的形成具有积极作用。

总之，正是由于专家学者的研究成果，才将大学生公寓文化建设逐渐引向深入，从大学生公寓文化的时代性、特殊性、可能性、必要性、必然性和引领性的角度，不断深化大学生公寓文化的内涵，形成大学生公寓文化建设的科学理论体系，为高等教育人才培养打下坚实的公寓文化理论基础。

## （二）实践探索是检验标准

实践是检验理论正确与否的唯一标准，大学生公寓文化的本质是育人，是人们实践经验的结晶和精神劳作的结果。公寓文化建设过程本身也是实践的过程，其目的是通过实践来塑造人、感染人和影响人。

高校要不断强化马克思主义中国化的最新理论成果在公寓文化建设中的重

要地位，加强对大学生进行中国特色社会主义理论体系武装，使大学生正确认识社会发展规律、国家前途命运、自己的社会责任，提高大学生的思想觉悟、理论水平、理想信念，激发学生的爱国精神和创新精神，增强大学生的道路自信、理论自信、制度自信以及大学生在中国共产党的领导下走中国特色社会主义道路、实现中华民族伟大复兴中国梦的信心和决心。

高校要持续将社会主义核心价值观这一红线贯穿于公寓文化建设，在公寓园区的醒目位置张贴特色标语和文明警语，提示学生不断向文明、自信的方向发展，并将文明意识植根于心中，融入血液。通过电子屏幕、电视广播围绕中国梦、爱党爱国、传统美德、道德模范和环境保护等主题制作推出平面公益广告，深入开展"校园之星"先进事迹评选及事迹报告会等活动，在潜移默化中营造我为人人、人人为我的良好风尚，弘扬真善美，传播正能量，激励学生崇德向善、见贤思齐，鼓励学生积善成德、明德惟馨，为实现中华民族伟大复兴的中国梦凝聚强大的精神力量、提供有力的道德支撑。

高校要不断强化党团组织和心理健康教育在公寓文化建设中的重要作用。通过大学生公寓党支部、团支部等建设，把对学生入党积极分子的考察、培养和教育以及对团员的教育和推荐优秀团员入党工作延伸到学生公寓，有利于对入党积极分子的考察和培养，有利于学生党员先锋模范作用的发挥，有利于党团组织与同学之间距离的拉近，增强了党组织的凝聚力和辐射面、号召力和渗透力，增强了共青团组织青年、引导青年、服务青年、维护青年权益的作用。学生在参与这些活动的过程中，锻炼了他们的沟通、组织与管理能力，增强了他们强烈的责任感和使命感，培养了他们的自我管理、自我教育、自我服务能力，提高了他们的自律意识与文明素养，调动了他们自觉参与服务的积极性和主动性。通过心理健康教育宣传、咨询，团体互动游戏等形式，探究学生的内心世界，缓解学生的不良情绪，愉悦学生的身心，陶冶学生的情操，提高学生的修养，减少学生可能出现的问题，有效地推动学生公寓文化建设。

高校要不断强化网络育人在公寓文化建设中的重要角色。利用网络的开放性和虚拟性、针对性和多样性、隐匿性和及时性等特点，通过网上与学生互动交流，及时了解学生的思想动态和利益诉求，把握问题所在和舆论导向，体现贴近实际、贴近生活、贴近学生的教育理念，形成教育学生与服务学生相结合、解决思想问题与解决实际问题相结合的氛围，强化学生的主体意识与责任意识，提高学生的自律能力和防范意识。

总之，在大学生公寓文化建设中，高校要按照党中央提出的让每一位学生都成为有用之才的要求，采用多种形式，通过多种途径，使公寓文化服务于学生的成长成才。

## （三）理论与实践相统一是必然要求

列宁曾指出："要真正地认识事物，就必须把握研究它的一切方面、一切联系和'中介'，我们绝不可能完全做到这一点，但是，全面性的要求可以使我们防止错误和防止僵化。"公寓文化建设理论来源于公寓文化活动的实践，实践需要科学理论来指导，科学实践推动理论向更加科学的方向发展，这不仅仅是对实践的概括和总结，更重要的是对实践活动、实践经验和实践成果的批判性反思、规范性矫正、理想性引导。对实践的超越，实现了理论—实践—理论的循环反复，使它们之间不断矫正、交融。伽达默尔说："一切实践的最终含义就是超越实践本身。"辩证唯物主义认为，实践是客观的、第一位的、不断发展的，是理论的基础、动力源泉，对理论的形成有决定性作用，因此，应重视大学生公寓文化建设的实践性。

大学生公寓文化建设的理论对实践有重要的指导作用，理论高于实践，理论指导实践，更需要实践的检验，在实践中提升或完善理论，理论又超越实践，以完善或提升的理论指导实践，在实践—理论—再实践—再理论的反复循环过程中达到螺旋式上升。所以，高校公寓文化建设理论和实践之间的关系是对立统一的，既有区别，又有联系，把握好二者的辩证关系有利于增强大学生公寓文化建设的实效性，在理论上不断有新发展，实践上不断有新创造。应坚持贴近实际、贴近生活、贴近学生，建构并传播主流价值观，推出大量无愧于时代、无愧于学校、无愧于学生的文化精品，以便达到科学理论和实践探索共生、共进和共荣，推进大学生公寓文化建设工作的科学化、纵深化、精细化和人本化，教育和引导广大学生树立正确的世界观、人生观、价值观和发展观，为高等教育的改革与发展以及实现中华民族伟大复兴的中国梦作出新的更大贡献。

# 三、坚持守正与创新相统一

杨叔子院士曾说，大学是做学问的地方，大学不仅要选择文化、继承文化、传递文化，而且应该创造文化、发展文化。每种文化都或快或慢地发生着变迁，正如林顿所说："所有文化，即使最简单的文化，都处在持续变化之中。"大学的价值在于文化的启蒙、文化的传承、文化的创新。公寓是大学最重要的组成部分，大学生公寓文化是经过长期的历史积淀和创新发展而成的，坚持传承性和创新性是学生公寓文化建设的重要原则。

## （一）强化文化建设的传承性

"一部人类社会发展史，是人类生命繁衍、财富创造的物质文明发展史，更是人类文化积累、文明传承的精神文明发展史。人类社会每一次跃进，人类文明每一次升华，无不镌刻着文化进步的烙印。"因此，文化是一种历史的生成物，没有历史根基的文化，只能是一种没有历史感的浅薄文化。习近平总书记指出，培养社会主义建设者和接班人，是我们党的教育方针，是我国各级各类学校的共同使命。高校只有抓住培养社会主义建设者和接班人这个根本才能办好，才能办出中国特色世界一流大学。党的十八大以来，以习近平同志为核心的党中央高瞻远瞩，继往开来，坚定不移实施科教兴国战略和人才强国战略，始终坚持把教育摆在优先发展的战略地位，持续深化教育领域综合改革，不断推动教育改革发展迈上新台阶，我国教育事业发展取得了历史性成就，教育总体水平明显提高，进入了世界中上行列，走出了一条中国特色社会主义教育发展道路，开启了新时代教育改革的新征程。但是，我国是一个14亿多人口的大国，发展着世界上体量最大的教育，尤其高等教育在区域、城乡、校际之间的发展还不平衡。随着新时代社会主要矛盾的变化，人民群众对教育的需求已经从"有没有"转向了"好不好"，不同群体差异很大，教育改革点多面广，还存在很多问题和短板，几乎都是难啃的"硬骨头"，必须通过进一步深化改革创新推动解决。公寓文化是继承、传递公寓园区的历史文化、精神灵魂，是公寓文化育人的必然使命，但文化传承不是被动、原封不动的，而是一个反思、凝练的过程。

要传承文化历史。费孝通曾提出"文化自觉是指生活在一定文化中的人对其文化有'自知之明'，明白它的来历，形成过程，所具有的特色和它发展的趋向，不带任何文化回归的意思，不是要'复归'，同时，也不主张'全盘西化'或'全盘他化'。"公寓文化植根于学校深厚的历史文化中，学校的发展史是不可再生的教育资源，在发展过程中，会存在一些不适应当今文化的需求的内容，对此我们要去粗取精、去伪存真、集萃弃废，在积淀传承中弘扬学校的优秀文化，渗透到公寓文化建设中，滋润学生的历史文化底蕴，滋养学生的心灵。

要传承精神文化。精神文化是公寓文化建设的核心文化，在公寓文化发展中起着至关重要的作用，正如亚伯拉罕·弗莱克斯纳所说："在保障大学的高水准方面，大学精神比任何设施、任何组织都更有效。"公寓精神文化是指在一定的社会历史条件下，经过长期的文化积淀、整合、创新、提炼出来的文化，它反映着广大师生员工共同的理想目标、精神信念、文化传统和行为准则的价值观念体系和群体意识，凝聚着学校的校风、教风和学风，体现着师生的价值追求和育人目标。

要传承物质文化。物质文化是公寓文化建设的基础文化，体现在硬件设施上，具体包括公寓园区的自然环境、绿化、建筑、图书资料、生活设施、体育设施等，同时体现在人文景观上，包括公寓布局的人文关怀、文化长廊的人文情怀等，这些物质文化被赋予了丰富的文化内涵，能够激发学子的求知欲望和成才动力。

要传承制度文化。通过融合渗透、资源整合、多方引导、提升品位等途径，挖掘符合时代发展要求和师生利益需要的优秀高校公寓制度文化，其承载着公寓文化精神的制约、激励机制，捍卫着公寓文化的历史底蕴，规范着师生的言行举止，鼓舞着师生的士气斗志，提升着师生的素质和学校的品质，提供人人出彩的机会。

## （二）加强文化建设的创新性

创新是一个民族进步的灵魂，是一个国家兴旺发达的不竭动力。任何文化都要在传承的基础上寻求发展，公寓文化也不例外，要不断打破旧的、不符合高等教育人才培养需求的、不符合社会主义先进文化规律的、不符合时代发展的公寓文化。大学生公寓文化实际上是一元主导多元融合的文化，绝不是千篇一律的文化样态，即使在同一所大学里，不同学院、不同专业，甚至不同小班的学生公寓文化差别也比较明显，这折射出大学生公寓文化建设必须创新。创新是大学生公寓文化建设和发展的内驱力，只有不断创新，才能不断发展，促使学生公寓文化富有朝气、充满活力和蓬勃发展。

要创新机制体制。在公寓文化建设中，要敢于改变目前多头管理的局面，建立学校统一牵头，学工部具体负责的一级管理体制，通过条状运行机制把服务直接送到学生中间，提高服务质量，强化教育效果。

要强化创新意识。从目前的形势来看，大学生公寓文化建设处在刚刚起步的阶段，还有许多未知的领域等待我们去开发、去创造、去凝练、去提升。要敢于啃"硬骨头"，牢固树立敢为人先的探索精神，顺应时代的发展，结合高等教育的育人目标和学校的实际，不断地从其他文化形态中汲取营养成分，培植具有本校特色的公寓文化精神。

要更新管理观念。党的十八大提出：要把"立德树人"作为教育的根本任务。大学生公寓文化建设是高等教育的重要组成部分，公寓文化建设要与时俱进，及时更新观念，由管理学生向服务学生转变，由改变环境向优雅公寓转变，由制度约束向文化育人转变，从而达到"公寓园区处处是教育，学生时时受熏染"的效果。不同的文化总是在相互交流、相互借鉴、相互吸收、相互融合的过程中获得发展，这是文化本体运动的一条基本规律。网络技术的飞速发展和对外交流的逐渐扩大和深入为借鉴、移植国外优秀公寓文化提供了便利。我们要敢于吸收和融合优秀外来文化，创新本土公寓文化，增强公寓文化活力，提升育人效果。要在公寓文化建设过程中，创新公寓文化载体；创新制度建设，建章立制，除旧立新，激励约束科学合理，充分调动各方的积极性，保证公寓文化持续健康地发展；创新文化环境，学生公寓园区的美化、亮化、绿化，要体现人文关怀，体现学校特色，体现学生特点，符合时代发展，符合高等教育人才培养需求；创新文化活动，构建公寓文化活动体系，弘扬主旋律，树立文化品牌，注重高品位，倡导积极、健康、高雅的文化活动，增强文化活动吸引力和凝聚力，激发学生的主观能动性和创造性，培养学生的创新思维和现代意识，不断开拓学生公寓文化建设的新局面。

## （三）融合传承性与创新性

发展社会主义文化，必须继承和发扬一切优秀的文化，必须充分体现时代精神和创造精神，必须具有世界眼光，增强感召力。推进文化发展，基础在继承，关键在创新。继承和创新，是一个民族生生不息的动力源泉。习近平强调："对历史文化特别是先人传承下来的道德规范，要坚持古为今用、推陈出新，有鉴别地加以对待，有扬弃地予以继承。"因此，坚持文化的传承和创新，对于文化的丰富、繁荣和发展具有重大而深远的意义。

大学生公寓文化是社会文化的亚文化，对于推动社会文化的繁荣发展具有一定作用。文化传承是文化创新的基础保障，也是文化创新的必经之路；而文化创新是文化发展的动力源泉，文化创新离不开对优秀传统文化的传承。因此，高校公寓文化的传承要弘扬优秀传统文化、校园文化和公寓文化以及尊重学校历史；公寓文化的创新要与时代发展相适应、与现代文明相协调、与高等教育人才培养相吻合、与学生合理需求相匹配，不断推进优秀传统文化、社会主义先进文化、校园文化和公寓文化的互动融合，使学生公寓文化既保持鲜明的个性特色，又富于浓郁的时代精神，与时俱进地服务于学生的健康成长成才、服务于中国梦的实现。

总之，在学生公寓文化建设过程中，必须正确地处理好公寓文化传承与创新的关系，没有文化创新的突破，就没有文化传承的延续。文化传承和文化创新是紧密联系、相辅相成、辩证统一的关系，共同推动公寓文化的繁荣发展，使校园文化的育人功能不断得到丰富，使社会主义先进文化不断得到繁荣，使中华民族伟大复兴中国梦的文化根基不断得到巩固。

# 四、坚持共性与个性相统一

大学生公寓文化的共性反映了公寓的发展规律，通常公寓文化的理念、教育方式、组织形式、管理制度以及育人目标等都具有普遍的共性。而公寓文化的个性则体现为各具特色，其中高校的办学历史、文化传统、学科专业、教风、校风、学风、精神风韵和文化品位等都呈现出独特的个性。因此，不同高校的学生公寓文化建设也存在差异性。高校公寓文化建设是在共性的基础上，培育能反映自身独有精神和文化特质的个性文化。

## （一）注重文化建设的共性

公寓文化是校园文化的重要组成部分，是校园文化的亚文化，校园文化是社会文化的重要组成部分，而我国的社会文化是世界文化不可分割的重要组成部分。所以，高校公寓文化必须建立在世界文化、社会文化、校园文化等文化的基础上，通过对这些文化的选择、吸收、融合而形成自身的文化依托，这就是公寓文化的共性。

中华优秀传统文化经过千百年锤炼世代相传，汇集成博大精深、底蕴深厚的中华文化，因兼收并蓄而博大精深，因求同存异而源远流长，因历史悠久而底蕴深厚，因推陈出新而独领风骚。中华优秀传统文化是中华民族的脊梁、血脉、灵魂和根基，是中华民族区别于其他民族的根本标志，也是中华民族屹立于世界民族之林的坚强后盾。同时，中国优秀传统文化也是公寓文化建设的根本，通过中国优秀传统文化的教育引领信仰追求、价值取向、高尚品质、文明准则、思维方式和生活方式。

社会文化是社会中起主导作用的文化，而公寓文化根植于社会文化，在公寓园区呈现出社会文化的部分形态，影响着公寓文化，同时，公寓文化主题思想、主要内容的变化都离不开社会大环境。因此，学生公寓文化的繁荣与发展是在社会文化发展的影响下实现的。随着世界多极化、经济全球化的广泛深入以及新媒体的广泛应用，各种文化交织在一起渗透到大学校园、公寓园区、学生宿舍，大学生以包容的心态、开放的姿态迎接、选择、吸收和融合这些文化，丰富了学生的公寓文化生活。市场经济体制的确立，为大学生公寓文化建设带来挑战和机遇，大学生的责任意识、竞争意识明显增强，也为大学生公寓文化注入了新的生机和活力。

校园文化是大学在发展过程中，汲取社会主流文化和其他亚文化的精华而发展、进化和完善起来的一种大学文化，是一种特殊的社会文化，是师生在特定的环境中创造的与社会、时代密切相关且具有校园特色的人文氛围、校园精神和生存环境。学生公寓文化建设要遵循校园文化的发展规律，体现校园文化的共同特征。因此，校园文化必然对学生公寓文化的个性化建设起着至关重要的作用，其中，教风、校风和学风等校园精神势必会延伸到学生公寓园区，从而制约、熏陶、带动、激励学生的成长和个性发展，保证学生公寓文化发展的持续性、协调性、导向性。

此外，高校公寓文化的共性也体现在物质文化、制度文化、精神文化和行为文化的锤炼和形成，对人才培养目标的追求，校园文化的丰富和繁荣，社会先进文化的辐射和促进作用等方面。

## （二）凸显文化建设的个性

教育学家 Prosser 指出："你不需要在一所学校滞留太久的时间，就能够感觉到这个学校的校园文化氛围。"这足以说明文化个性的重要作用。公寓文化的个性强调的是不同学校公寓文化的差异和特色，个性是公寓文化的本质和核心，是公寓文化的闪光点和着力点。高校应根据各自的学校类型、办学历史、专业特点，明确培养目标，适应社会的发展，形成本校的公寓文化个性，以此区别于其他学校，做到"人无我有"或"人有我强"。

高校公寓文化个性要体现在专业特色上。专业特色指引大学生的专业发展方向和未来职业走向，对于培养学生的职业能力和专业素质具有重要意义。如中国民用航空飞行学院突出专业特色，以准军事化文化氛围为熏陶，建设飞行公寓文化，为学生营造专业的知识氛围、严谨求实的学习风气、励志榜样的人文情境，促进飞行学院学生成长进步。

高校公寓文化个性要体现在校园精神上，如清华大学的"自强不息、厚德载物"的校训，"爱国奉献，追求卓越"的优良传统，"行胜于言"的校风以及"严谨、勤奋、求实、创新"的学风；北京大学的"爱国、进步、民主、科学"的光荣传统和"勤奋、严谨、求实、创新"的学风；南京师范大学的"正德厚生、笃学敏行"的校训和"严谨、朴实、奋发、奉献"的优良校风……

高校公寓文化个性要体现在人本关怀的管理模式上。如国内大部分知名院校以满足学生的学习生活需求，体现"以学生为先"的服务理念，倾情打造的宜学、宜居的书院式生活园区。每个公寓单元居住 4 位学生，内设上床下桌，沿外墙设置卫生间、阳台，配备洗脸台盆、坐便器、淋浴器和室内晾衣架等卫生用具。公共用房分为书院公共活动用房和楼层公共活动用房两个层次，将洗衣服务、社交活动、文娱活动、自习、电视、展示以及外部庭院空间组织在一起，为学生打造环境宜人、服务人本的学习生活乐园，真切让学生公寓成为学生的学习之所、生活之家、快乐之家。

高校公寓文化的个性要体现在公寓文化标识、建筑物构造以及文化活动设计上。如部分高校以学生公寓党员工作站为载体，发挥学生党员的示范、引领作用，还有部分高校以"三字歌"为载体，深化"三字歌"的育人效果，都形成了独特的公寓文化。

总之，高校公寓文化的个性和特色很大程度上取决于校园文化的个性，它决定着公寓文化发展的独特性、新颖性和导向性。公寓文化只有独具个性、特色鲜明，才能在多元化的文化格局中立足发展、彰显特色。因此，公寓文化建设要从自身实际出发，传承发展学校历史文化，借鉴、选择、吸收、融合外来文化，凝练、培育、提升、彰显自身的公寓文化个性，以促进大学生公寓文化的纵深发展。

## （三） 实现共性与个性相统一

大学生公寓文化建设是一项系统工程。它不仅涉及以校风、学风和校园精神为核心的整体校园文化建设，更重要的是包括学生公寓内的舆论导向、学习氛围、道德风尚、学生基础文明水平、文化娱乐的品位、艺术科技活动的组织、师生关系的处理、物质条件的支持与保障等内容。高校要建设好大学生公寓文化，必须遵循系统性原则，对其加以综合考虑，进行整体设计规划，使大学生公寓文化建设有目的、有计划、有组织地进行。具体来讲，应该从学生文化到教职员工文化，从物质文化到精神文化，从通俗文化到高雅文化，进行全面考虑、整体规划，以达到整体的功效。同时，高校公寓文化作为校园文化的一种亚文化、一个子系统，应将大学生公寓文化建设放到校园文化建设的整体中去考虑，在加强校园文化建设的过程中加强大学生公寓文化的建设。

法国当代著名思想家、社会学家、哲学家埃德加·莫兰曾说过："文化的统一性与多样性的双重现象是决定性的。"共性指不同事物所共同具有的普遍性质，个性指一事物区别于他事物的特殊性质。其中，共性是个性的前提和基础，决定学生公寓文化的基本性质；个性是共性的发展和升华，揭示各高校公寓文化之间的差异性。共性是绝对的，个性是相对的、有条件的。共性只能在个性中存在。任何共性只能大致包括个性，任何个性不能完全被包括在共性之中。

共性和个性是大学生公寓文化固有的本性，而公寓文化是共性与个性的统一体。高校公寓文化建设要坚持社会主义方向，以体现时代特征，适应人才培养需要，满足学生合理诉求为共性；以弘扬学校校风教风学风，积淀学校办学历史，传承学校精神，反映学校特色为个性。所以，高校公寓文化建设在共性基础上，要结合本校的实际和特点，凸显个性张扬，创造出适合自身发展、独具特色的公寓文化风格，以发挥公寓文化特有的育人功能。总之，高校公寓文化的共性和个性相互依存、相互促进，不可割裂，二者缺一不可，并在一定条件下相互转化。

# 第四章 高校学生公寓文化建设的 特点与功能

文化是根，文化是魂，文化是力，文化是效，文化是一所大学赖以生存、发展的重要根基和血脉，也是大学间相互区别的重要标志和特征。任何一种文化都有其特点，都离不开特定的自然条件和社会历史条件，大学生公寓文化也不例外，通过文化创新发挥公寓文化育人的积极作用，以优美的环境感染学生，以良好的风气熏陶学生，以正确的舆论引导学生，以丰富的活动教育学生，进而促进学生全面发展。

## 一、高校学生公寓文化建设的特点

### （一）稳定性与渐变性

从空间角度来考虑，大学公寓是一个相对稳定、密闭的立体结构。从公寓成员构成来讲，大学生在性别、年龄、学历层次等方面大都处于同一水平，这种趋同的性质促使他们在思维和行为模式上具有相似性，同时生活与学习环境的趋同也在一定意义上保证了这种相似性的延续，从而构成一种稳定性。从内容结构上考虑，公寓文化的结构层次一般由表层文化、中层文化和深层文化或内涵文化组成，内容上由物质文化、制度文化、行为文化和精神文化构成，具有相对的稳定性。

在大学校园里，公寓是一个基本的细胞，稳定地存在于校园中，是校园内部稳定的立体空间存在形式，并以自身特有的方式、方法对置身于其中的个体产生影响，并且不单单是如此，公寓文化同时具有对外辐射的特点。哈佛大学前校长洛厄尔说："大学的目标是同社会交互作用，而不是复制当代文明的缺陷。"公寓并不是孤立在海洋中的小岛，而是联系着大陆的岛群，允许外界介入，公寓文化在自身不断丰富与完善的过程中，不断选择和借鉴优秀传统文化和民族文化，学习其他高校优秀公寓文化，吸收和融合社会先进文化，赋予公寓文化新的内容，体现特定内涵，反映某一特定历史时期的时代风貌、时代精神和时代特征以及学校的办学精神、育人理念和价值追求。同时，公寓文化也对外界产生影响，在一定程度上，彰显了公寓文化的开放性，公寓文化系统与外部环境保持着积极、密切的联系，与外界进行信息、能量交换，相互作用，通过特定的渠道作用于大学生，促进学生综合素质的形成。学生个体也是特定社会关系的总和，而学生的综合素质通过个体与其他学校内部或者之外的人相互联系进而作用于其他社会关系，达到向外辐射的目的。

## （二）认同性与超越性

文化的价值认同是指个体或组织通过相互交往而在观念上对某一价值的认可和共享，或以某种共同的理想、信念、原则为追求目标，实现自身在社会生活中的价值取向，是社会成员对社会价值规范所采取的自觉接受、自愿遵循的态度。所谓大学生公寓文化的价值认同，是指大学生公寓文化建设的主体在公寓文化建设过程中，共同对公寓文化建设顶层设计的目标、原则、内容和途径的价值认可和接受，自愿参与公寓文化建设活动，并在公寓文化建设过程中自觉提高自身素质。

认同是大学生公寓文化建设的基础，没有学生的认同就没有积极主动的参与，没有积极主动性就不会有大学生公寓文化建设的繁荣和发展。要想让大学生在认同公寓文化价值的基础上发挥积极主动性和聪明才智，必须在机构设置上具有现实性和前瞻性、针对性和实效性，必须体现以人为本，集学习、生活、生涯规划、心理咨询、健康服务、个性需求于一体，充分调动大学生的积极性和创造性，促进大学生自我完善，实现自身目标，实现个人价值。在管理上，充分发挥学生的主体性作用，激发大学生主动承担大学生公寓文化建设的责任，担当公寓文化建设的主人，提升大学生自我教育、自我管理、自我服务的能力。在决策上，广泛听取学生意见，征求学生建议，推动大学生公寓文化建设的民主管理、民主参与和民主决策，集体最终决策的形成往往考虑在最大限度上满足每个个体的需要，因为"师生都希望在所有重大决策面前有他们的声音，希望对每一件影响他们的重大事情都能与校方进行商讨"。因而，大学生公寓文化建设的价值认同，是实现大学生公寓文化建设超越发展以及大学生的全面发展的前提和基础，没有价值认同，目标的实现就是一句空话。

认同与超越总是相伴相依的，大学生对公寓文化的认同和超越，对于大学生人格养成有着至关重要的作用。因而学生公寓文化必须担负起大学生人格养成的重任，前提是建立在平等关系的基础之上。平等是人和人之间的一种对等关系，是人对人的一种相互尊重的态度。公寓是大学生生活和学习的主要场所之一，在这一空间结构中，同学之间彼此相互承认对方的主体地位，互相尊重并把对方当成和自己一样的个体看待，任何个人都没有高于其他人的特权，任何人都均等地享有校园提供的精神和物质资料。同样，公寓师生之间虽然角色不同，但作为独立的个体，师生之间不但地位和人格平等，师生之间的关系也是平等的。这就要求师生之间理解彼此的文化偏见，进行平等的交流，不强求任何一方改变自己原有的文化价值观，相互信任、相互协调、相互支持，构建其乐融融的平等氛围。因此，以实现人的根本权利为基准，强调激发大学生的主观能动性，实现大学生的全面、自由发展，才能得到大学生对公寓文化建设的认同，实现更大的超越。

## （三）同质化与异质性

萨特曾经讲过"他人即地狱"，从存在主义的视角分析，任何自身以外的人（或事物）都是自我实现自由的阻碍，而从功利主义哲学的层面考虑，这些阻碍会进一步发展进而影响到个体自我价值的实现。密尔在《论自由》中曾经谈到"人类之所以有理有权可以个别地或者集体地对于其中任何成员的行为自由进行干涉，唯一的目的就是自我保护。权力能够违背文明共同体任何成员的意志而对他进行正当干涉的唯一目的，便在于防止他对于他人的伤害。"

社会对自我价值的认识和保护，使得当今的大学生具有非常强烈的自主性。相比于传统公寓文化模式强调的集体荣誉感和凝聚力，新型的公寓文化更重视的是人格的独立，鼓励大学生表现自我，追逐自由。这种新型公寓文化模式最明显的特点就是对群体的认同感降低，对其他价值观念的事物产生强烈的排他性。但这样会导致集体活动难以推行，人人以自我为中心。

大学生作为年轻的一代，带着蓬勃的青春气息，对新事物的理解能力和接受能力都远超其他的年龄阶层。大学生对于先进文化发展的趋势非常敏感，对新生事物的理解和交融方面非常主动。学生公寓作为大学生生活的地方，是交流信息并对获取到的信息进行评价的最主要的场所。因此，公寓文化也总是走在社会潮流文化的最前端，具有相当的前瞻性，大学生们所交流的信息大都来源于他们所关心的社会问题以及对未来的预测与分析。

大学生公寓多人合住的现状，一定程度上要求公寓成员在处理日常事务的过程中，在思维或行为方式上达成共识，并按照这种共识规范自己的言行。达成共识的意识推动了公寓成员之间思想与行动的同质化，进而确保公寓可以在这些同质化的基础上正常运作，从而在公寓成员之间以及公寓与外界的联系中，可以使得全体作为个体发挥最佳效用。然而，教育是培养人的活动，人和人之间不可否认的存在差别，这种差异性是他们有别于其他个体的独特特征。公寓是大学教育的重要载体，其所负载的文化理应具备教育的一般性，依附于公寓单个成员的独特性是公寓个体意识内向领域的自由选择，体现了个体思想情感、兴趣追求、交往与联合的自由，这些个性化的特征不会伤害他人，即便是他人难于理解或接受，亦必须获得充分的保障。因为个体性、多样性和自主性是推动大学生不断发展创新的动力之源，即便它与公寓集体文化在一定程度上存在差异，但却依然和公寓集体文化同等重要。

## （四）包容性与排他性

同一个学生公寓的成员可能来自不同的城市，有着不同的方言、性格、习惯、风俗乃至信仰等，但却为了同一个目标而生活在同一环境里，在这里各式各样的差异性被要求兼收并蓄。如果公寓群体不能在一定程度上达成默契，个体在日常生活与学习过程中便会受到外界或者自身单一目的的牵制，这种缺憾与融合差异性相比，更加让人难以接受，公寓也因而更具包容性。大学生公寓文化的包容性体现在对各种主流与非主流文化的包容，由于公寓是一个开放的系统，各种社会上流行的思潮都能在大学生公寓文化中找到影子，并占有一席之地。同时，大学生公寓文化的包容性也体现了对传统文化、民族文化、社会文化、其他高校的公寓文化以及西方外来文化的选择、借鉴、吸收和融合。在相互融合的前提条件下，公寓文化一旦成型，就会像一个纽带一样将大家连接起来，使得置身其中的成员获得相应的集体感、荣誉感、成就感，并使得他们将维护集体的利益视为分内之事，共同点和凝聚力也会在与其他对等的个体和群体的相互联系中建立起来。这种共同性是在与其他对等单位相互联系的基础上建立起来的，带有一定程度的"自卫性"和"攻击性"，他们希望自己的同一性可以在相互作用的过程中继续保持优势，因而也会对不符合公寓文化的人、事、物具有一定的排斥性。

排他性体现在对不适宜公寓文化建设的外来文化的排斥，形成适应发展和现实需要的公寓文化。公寓文化一旦形成，便在一定时间范畴内持续发生效用，因而排他性也会伴随着公寓文化而产生影响，而且会持续存在。持续性首先表现在公寓文化内涵的持续性，它是在排他性作用下，经历长期的历史积淀，凝聚着一代代人的智慧和结晶，与时代特征和时代精神相吻合，也必将在长期传承和弘扬中生生不息，保持大学生公寓文化的繁荣发展。持续性其次表现在公寓文化承载着育人功能，大学教育并不是教育的终点，而只是终身教育的一个特定阶段，因而公寓文化的特性还应与大学生持续发展联系起来，在一定意义上有利于大学生的长远发展，即使大学生离开校园之后，公寓文化的育人功能依然发挥功效，在排他性的作用下，总有一种莫名的线指引着学生向正确的方向发展，对学生的一生都会产生积极的影响。

# 二、高校学生公寓文化建设的功能

大学生公寓不仅是知识学习和生活娱乐的场所，也是思想传播和情感交流的平台，更是人格养成和素质提升的阵地。大学生公寓文化是校园文化的重要部分，除了具有校园文化的功能外，作为一种特殊的文化现象，越来越受到教育部门和高校的高度重视。公寓文化有其特定的文化功能，主要体现在教育导向、凝聚激励、心理调适、怡情陶冶、约束规范和积淀传承等方面，对大学生的心理健康、意志磨炼、人格塑造等发挥着不容忽视的作用。

## （一）教育导向功能

吉诺克斯在其著作中将文化描述成一种个人特定身份能够在此得以确认的场所，它是"年轻人及其他人预设自己与世界的关系的场所，它提供各种陈述、隐喻及意象来构建及实施一种强大的教育力量从而影响人们对他们自己及自己与他人的相互关系的思维方式"。因此，文化内在本质天生就具有教育意义。

高等教育的首要任务是"育人"，文化的最终目的是"化人"，"没有正确的政治观点，就等于没有灵魂"。大学生公寓文化是校园文化的重要部分，校园文化建设的最高目标是帮助学生树立正确的世界观、人生观、价值观和发展观。公寓文化的导向作用是对公寓区域内学生的政治信仰、价值观念、行为规范、生活方式和人格建构等具有潜移默化的积极作用，也可起到观点认同、精神升华的作用，使之符合公寓文化建设的理想和目标，同时也表现为公寓区域内整体的价值取向和行为导向。

优秀的大学生公寓文化不仅彰显学校的整体素质，展示学校的特有风貌，而且还能体现全员育人的良好氛围，凸显课堂教育之外的育人作用。优秀的大学生公寓文化提倡理性消费和节俭消费，主张积极健康的闲暇文化和现代生活；对学风、教风和校风形成有很强的促进作用；对学生思想引导、人格塑造有着积极的作用；对培养学生的文化素养、文明品质、身心健康有特别重要的作用。另外，科学规范的公寓规章制度可以内化为学生的行为规范和优秀品质，优秀辅导员和管理员的人格魅力可以深化为学生健康人格建构的催化剂，积极进取的优秀学生精神面貌和崇高的价值理想可以转化为学生的价值导向，对学生的人际交往、知识获取、社会实践和心理调适等都能起到积极的导向作用。

例如，湖南城市学院通过扎实开展"六进"公寓，学生学习自觉性明显增强，公寓学习氛围日益浓厚，学生文明素养显著提升，核心指标明显进步。学生课堂出勤率98%以上，图书馆上座率在90%以上。学生考研录取率逐年递增，2019年比2016年增加一倍，2019年考研录取率达到10.09%，考上"双一流"大学的学生占考研总数的29%。学生英语四、六级报考和通过率明显提升，学生英语四级通过率从2016年39.15%递增到2019年的50.6%。学生重修、补考科目数量明显下降。近年来，湖南城市学院新增省部、厅局级科研平台17个，居全省同类院校第一。在2019软科中国大学排名中，学校综合排名从2018年的521名跃升至331名，提升了190名，荣登全国高校进步榜榜首。

## （二）凝聚激励功能

大学生公寓文化对学生共同的价值观念、理想信念和行为规范等就像精神的黏合剂，优秀的公寓文化一旦形成，就会给学生一种内在的驱动力量，促使学生从内心深处进行自我思考、自我完善、自我激励，也表现出学生共同成长、集体成才的"场效应"，让学生从陌生到认识，从认识到熟悉，从熟悉到相知，增强认同感、归属感，产生凝聚力。这种凝聚力来源于共同的理想和追求目标、精神的向往和价值的认同，对学生产生无形的、不可低估的感召力，进而集结成强大的集体合力、奋发向上的群体意识以及学生的主观能动性，激发学生强烈的主人翁意识、责任感和使命感，让学生自觉处处维护学校的声誉，积极作出自己应有的贡献，为学校增光添彩。

公寓文化是激励学生成才的助推器，这种激励是责任激励、关爱激励和竞争激励。最基本的责任是维护学生的安全稳定，确保学生正常的生活秩序，最高的目标是激励学生成长为中国特色社会主义事业的建设者和接班人。关爱激励体现在对学生思想问题和实际问题的关爱以及学生内部之间的团结友爱、互助合作和共同发展。竞争激励体现在个人奋斗目标的实现和集体荣誉的维护，激励学生见贤思齐，见不贤而内自省，实现个人理想，追逐共同理想，让学生有一种令人振奋、催人向上的力量，有一种百尺竿头、敢为人先的精神，有一种你追我赶、共创辉煌的愿望。

## （三）心理调适功能

公寓作为学生学习、生活和休息的场所，舒适的生活设施、优质的生活服务、温馨的生活环境、浓郁的文化气息对学生群体的身心健康无疑具有调适功能。心理调适是用心理科学的方法对认知、情绪、意志、意向等心理活动进行调整，以保持或恢复正常状态的实践活动，既可以自己进行心理调适，也适用于帮助别人。

学生在追求知识、追求真理、探索世界、谋求自身发展的过程中，不可避免地会遇到困难和挫折，从而产生大量的思想问题和心理问题。在课堂上、在教师面前、在其他正式场所，学生一般不愿或不敢吐露自己的心声，释放自己的压力。学生公寓相对课堂和其他公共场所而言，具有较大的自由空间、宽松的和谐氛围，学生在公寓可以无所顾忌宣泄情绪、表达心声，这对心理调适有很大的帮助。宿舍内室友真诚的交流、深入的探讨、善意的劝导和热心的相助可以增强学生战胜困难的信心，使其消除过多的忧虑和消极思想，减轻心理压力，具有很强的调适功能。另外，宿舍内成员之间、宿舍之间、楼层之间、公寓楼之间、公寓区域内通过开展丰富多彩的公寓文化活动，帮助学生及时释放情绪、调适心理、消除矛盾，进而通过模仿、暗示、从众、认同等过程，发生协同作用力，既能丰富学生的文化生活和增强人际关系，又能提高学生的文化素养和培养高雅情趣，使学生住在其中、乐在其中，心情舒畅、奋发向上。公寓心理咨询室通过加强心理健康教育、完善学生心理咨询体系、开展心理健康宣传等方式对学生心理进行疏导，帮助学生消除心理困惑，增强克服困难、承受挫折的能力，增强珍爱生命、关心集体、悦纳自己、善待他人的意识，对提高学生的心理健康水平和心理调适能力，促进学生积极适应、和谐发展有积极的作用。因此，大学生公寓文化建设应遵循大学生心理行为发展规律，将塑造学生品质与服务学生成才相结合，满足学生实现自我发展的需要。

## （四）怡情陶冶功能

怡情陶冶是一种对人思想和行为潜移默化、耳濡目染，具有暗示性和渗透性的作用，公寓文化的怡情陶冶功能体现在陶冶学生情操、使学生心情愉快等方面。马克思说："人是按照美的规律来塑造物体的。"人追求美是人追求自己本质力量的体现。

教育的根本目标是使学生通过对文化价值的摄取，获得人生意蕴的体验，进而陶冶人格和灵魂，充实生命的内容。学校的校风、教风、学风等对学校教育的各个环节起着指导性作用，更陶冶着学生的精神与心灵，是学生奋勇向前的一种无形动力。公寓园区内宁静、轻松、舒适、美丽的环境氛围和文化气场，有意无意间使学生受到启发和感染，陶冶着学生的道德情操和行为规范，激发着学生塑造自我、完善自我的内在驱动力。科学规范合理的公寓规章制度，对学生的思想和行为能起到很好的约束和引导作用，也是学生自我约束的内聚力。公寓管理人员的政治信仰、道德修养、人格魅力、服务水平，影响着每一位学生的人格发展和信仰追求。文明、健康、丰富、高雅的公寓文化活动，形成一种浓郁的文化气息，感染着每一位学生，对培养学生道德情感和审美情趣有着积极的作用。

总之，大学生公寓文化陶冶情操、净化心灵的作用是一切行政权力或手段无法替代的，它渗透在有形、无形、物质、环境、精神等因素的综合作用中，于潜移默化中感染学生的情绪，陶冶学生的情操，内化于学生的心灵，外化于学生的行为，从而塑造学生的人格性情，提升学生的道德修养。

## （五）约束规范功能

公寓文化蕴含的精神、信念、信仰、习惯、道德和风尚等弥漫于学生之间，内化于心，无形之中会对学生产生一种强制性的规范教育作用，它不仅影响学生的感觉、认识、情绪、伦理等心理机制和心理过程，而且从整体上影响学生的价值取向和行为取向，使学生自觉或不自觉地符合适应社会发展的价值观念和行为习惯。俗话说，没有规矩不成方圆，科学、规范、严格的公寓制度文化对学生思想行为方式具有重要的约束、引导和激励作用，保证公寓文化建设的正常发展。精神文化虽然是无形的、看不见的，但是它的约束作用在一定程度上超越制度文化对人的影响，发挥着独特的引领功能，对学生的思想观念、审美能力、价值取向、行为方式进行约束和塑造，使学生沿着正确的方向发展。大学生公寓文化的约束规范功能不仅体现在大学精神对学生的约束，还体现在马克思主义中国化的最新理论成果贯穿和渗透入公寓文化建设中，形成政治方向明确、学习氛围健康、道德风气高尚的公寓文化，对广大学生能起到正确的引导和约束作用，使之符合高等教育价值规范的标准。

## （六）传承创新功能

大学生公寓文化是一元主导、多元融合的文化，但绝不是千篇一律的文化样态，即使是在同一所大学，不同学院、不同专业的公寓文化差别也非常明显，这足以说明公寓文化的传承性和创新性。

公寓文化的传承是消化吸收一代代积淀下来的传统文化知识并进行传承，让学生在深厚的文化底蕴中感受传统文化的魅力，接受文化的熏陶。公寓文化的传承是按照客观规律对优秀价值观念的传承，在传承社会文化的过程中将不断孕育新的思想观点、理论学说、优良风气和文化氛围，既包括文化建设发展进程中所形成的积极价值观，也包括学校在办学过程中形成的优秀价值观。

公寓文化的创新是以历史积淀为基础，以构建文化公寓为目标，在公寓文化建设过程中，尊重历史、取其精华、弃其糟粕，进行整合创新、发掘文化，体现了公寓文化的积淀创新功能。公寓文化的创新包括制度创新、环境创新、行为创新和文化创新等，制度创新体现在精细化的管理、系统化的服务思想。随着人们精神追求的提升，标准化的公寓是环境创新的产物，体现了环境育人、空气养人的文化氛围。行为创新体现在公寓文化制度、文化活动对学生的引导上，体现在当代大学生的个性特点和需求上。文化创新则体现在公寓文化活动的形式和创意上，激发学生的创造灵感，增强学生的创新意识，开发学生的创新潜能，提高学生的创新能力。正是因为学生公寓文化具有积淀与传承功能，才能不断发掘自身文化精华，优化自身文化体系，使得公寓文化建设取得长足而快速的发展。

# 第五章　湖南城市学院公寓文化建设的实证调查

## 一、湖南城市学院学生公寓文化建设概况

湖南城市学院自第三次校党代会以来，全面深化改革，人才培养质量明显提高。2017年10月，学校党委书记深入学生公寓督查学风建设并召开座谈会，提出要把学生公寓作为开展学生思想政治工作的主要阵地，按照"文明整洁、学风优良、和谐互助、安全有序"的十六字方针，开展"六进"工作，即"思想引领进公寓、优良学风进公寓、文明养成进公寓、党团组织进公寓、心理辅导进公寓、自我管理进公寓"。

湖南城市学院的学生公寓管理工作一直在湖南高校中处于领先示范地位，曾获评全国学生公寓管理先进单位，是湖南城市学院对外展示学校风采的重要窗口。学生公寓作为开展学生思想政治工作的主要阵地，湖南城市学院一直秉承学校"文明整洁、学风优良、和谐互助、安全有序"的十六字方针，致力于培养学生的独立生活能力、集体荣誉感、团结奋斗意识。湖南城市学院公寓管理工作旨在引导文明就宿，营造和谐优雅的生活环境和学习氛围，维护广大学生正常的生活秩序，保障学生人身及个人财产安全，深入了解同学们的生活状况，减少并杜绝宿舍违纪行为，培养学生的养成意识。

学校先后出台了《学风建设八条规定》《关于进一步严肃学生学习纪律的有关规定》《进一步加强学生公寓精细化管理的规定》等文件制度。通过多年实践与探索，"六进"公寓成为湖南城市学院开展大学生思想政治教育与管理工作的有效抓手，实现了"教育到人头、管理到床头"的目标，在高校思想政治工作中有一定的影响和示范作用。

## （一）思想引领进公寓

（1）通过"学习习近平新时代中国特色社会主义思想读书会"引领。2017年10月份，湖南城市学院学生自主发起全省首家"学习习近平新时代中国特色社会主义思想读书会"，坚持用习近平新时代中国特色社会主义思想构筑青年一代的强大精神支柱，每个二级学院设立分会，会员达2 000多人。坚持定期的政治理论学习和主题团日活动，组织学生开展"学习党的十九大，青春建功新时代"系列活动。

（2）谈心谈话引领。二级学院学生工作办公室全部设在学生公寓各楼栋，辅导员早晚轮班到公寓走访，与学生谈心谈话。

（3）公寓教导引领。深入公寓开展学生诚信教育、文明教育和毕业生廉洁教育等主题教育，指导学生养成良好的道德品质和文明素养。

（4）榜样示范引领。评选"党员模范公寓""文明公寓""学风优良公寓""优秀楼栋长"，通过榜样来示范引领。

（5）媒体宣传引领。通过公寓橱窗、"相寓城院"公众号等媒体来加强理论宣传和思想引领。

## （二）优良学风进公寓

（1）建立健全相关制度。完善《学风建设八条规定》、《关于进一步严肃学生学习纪律的有关规定》、学生学风违规积分及处罚制度、学生干部学风督察责任机制。

（2）锤炼学风建设队伍。成立校院两级学生干部学风纠察队，充分发挥学生党员、学生干部自我管理、自我教育、自我服务、自我监督的职能，督促优良学风习惯养成。

（3）实施学习目标管理。相关记录纳入学生成长档案。

（4）深入开展学习指导。一是对学习困难学生、旷课学生分别由班主任、辅导员谈心谈话，有针对性地开展集体和个体学习问题心理咨询与疏导。二是通过"班导师制"和"一帮一"建立学习互助小组，对学生进行学习指导。三是设置答疑辅导室、成长辅导室、问题咨询室等场所帮助学生答疑解惑。

（5）严肃公寓学习纪律。周日至周四的晚自习时间（冬季：19：00—21：30；夏季：19：30—22：00），学生公寓自习时间不能在公寓玩游戏、看视频等，学生工作部牵头，每晚实行督查和值班制度，深入学生公寓督查学习纪律。

（6）丰富公寓学习活动。二级学院负责抓好本院学生晨读、晨练和学生公寓晚自习，组建专业学习小组或社团开展活动。

（7）加强学风奖惩管理。开展优良学风班级、优良学风公寓评选，对违反学习纪律学生及时作出处理并通报。

（8）加强学风建设宣传。大力宣传优秀学生的典型学习事迹，弘扬勤奋学习、刻苦钻研的进取精神。

（9）加强公寓硬件建设。建设好励志主题雕塑，维护好宣传橱窗、阅报栏、旗杆、标识牌、电子显示屏系统。

## （三）文明养成进公寓

（1）为便于开展学生思想政治工作，要求各学院学生工作办公室设在学生公寓。

（2）二级学院须制定辅导员早晚轮班下寝制度。要求全体辅导员根据值班安排下公寓到所带学生公寓检查、走访。轮班时间为：上午 8：00—10：00；晚上 7：00—9：00（夏季 7：30—9：30）。

（3）严格学生公寓用电安全管理。各学院要加强学生安全、文明教育，对不良行为及时制止、严肃处理，并将处理结果报学生工作部（处）学风建设与学生管理科备案。

——严禁使用违规电器（如电热杯、电饭煲、电炉、热得快、取暖器等大功率的电器）；

——严禁私拉电线、私接灯头和插座，将衣物晾挂在消防管道上；

——严禁在公寓内吸烟、点蜡烛、焚烧物品；

——发现公寓内电器、线路损坏或老化等安全隐患时，应及时报修，在未修复前禁止使用；

——严禁损坏公寓楼内消防栓、灭火器等消防设施和器材；

——入住公寓学生要做到人走电断，离开公寓时要关闭电脑等电器，断开插座开关。

（4）严格学生公寓内饮食安全管理。各学院加强学生公寓文明养成教育，如有违者，根据《湖南城市学院学生管理规定》，可视为扰乱学生公寓管理秩序，给予警告以上处分，记入学生档案。

——为了同学们饮食健康、安全，维护校园环境，规范学生公寓管理，加强学生公寓外卖管理；

——加强公寓内饮用水管理，要求经销商及时出具饮用水质量检测报告，督促其及时清洗储水库，保证学生饮水安全。

（5）严格入住公寓学生人身、财务安全管理。入住公寓学生睡觉前或放假离寝前要关好门窗、妥善保管好自己的贵重物品。

——入住学生要提高安全防范意识，不得将本公寓的钥匙和校园卡外借或转让他人使用；

——严禁学生晚归或不归；

——严禁学生随意男女串寝，若有特殊情况需进入公寓时，须在门卫室凭有效证件登记，待门卫同意后方可进入，并按时离开；

——严禁学生在公寓内饲养宠物；

——严禁外来人员进出学生公寓，若有特殊情况需进入公寓时，须在门卫室凭有效证件登记，待门卫同意后方可进入，并按时离开；

——严禁学生或外来人员进公寓从事发放传单、非法推销、非法借贷、非法经商等行为；

——学生公寓内自行车要做好登记备案，要文明、有序地停放在规定的停车棚内，严禁乱停乱靠；严禁学生驾驶摩托车在校园内通行，来访车辆应有序停放，严禁占、堵校园通道；

（6）严格学生公寓内务管理。各学院对学院所属公寓内务进行督导和检查，并及时通报。学风建设与学生管理科不定期对学生公寓内务进行抽查或普查，并将检查结果纳入各学院年终目标考核。

——入住公寓的学生每天必须按内务整理要求及时打扫所住公寓，规范整理个人物品，长期保持室内整洁、干净、空气清新；

——建立公寓长制度和卫生值日制度，每天每位同学留出 15 分钟打扫公寓，及时清理室内垃圾；

——学生公寓内严禁乱粘乱贴。

（7）学生宿舍是学生学习的阵地之一。周日至周四晚自习时间（冬季：19：00—21：30，夏季：19：30—22：00，节假日除外），严禁在宿舍区开展与学习无关的活动，严禁在宿舍内玩游戏、看视频、炒股或做其他与学习无关的事。

（8）学生必须严格遵守学校作息时间，按时起床、就寝，学生公寓晚上11点半之前必须自觉熄灯。

（9）构建四级心理信息网络，实现学生公寓心理辅导全覆盖。要求各学院建立"公寓—班级—学院—学校"四级心理信息网络，做到信息畅通、反馈迅速。

（10）开展朋辈心理辅导员培训，充分发挥朋辈心理辅导员作用，要求朋辈辅导员分楼层、分楼栋负责，做到"早发现、早报告、早研判、早预防、早控制"。

（11）各学院根据实际情况，在公寓楼栋内，开设学生心理辅导室、学生成长辅导室，方便学生心理倾诉、情绪排泄等。

（12）各学院要在学生公寓内分片区、分楼栋建立分党委学生党支部、分团委学生团支部，定期召集学生党员、团员干部在学生公寓学习党团的有关知识、讨论国家时事、开展学生党员"三会一课"等活动。

（13）树立学生党员、优秀团员先进、模范典型，在学生公寓实行党员模范公寓、优秀团员公寓挂牌，让学生身边有典型、学习有榜样。

（14）各学院要积极组织学生干部进学生公寓开展常态化劳卫检查、文明监督、晚寝检查、学风督查等工作，充分发挥学生"自我管理、自我教育、自我服务、自我监督"作用。要求做到检查有记录、处理有制度、通报有效果。

（15）各学院要成立学生公寓"公寓长—楼层长—栋长—宿管部"四级防护体系；要建立信息员制度、公寓长日报制度，及时了解学生情况，有针对性地开展管理工作。

## （四）党团组织进公寓

### 1. 主要方法

——成立学生公寓党支部、学生公寓团委。

——建立健全相关制度。建立教师党支部、学生党员骨干联系公寓制度。在思想教育、学风建设、文明养成和困难帮扶等方面加强指导与服务。

——全面普及学校中层干部联系公寓制度。学校党委组织部和机关党委制定了具体实施方案，一人一公寓，定期深入学生公寓。

2. 主要工作内容

（1）思想引领。加强理论宣讲，指导学生学习贯彻落实党的十九大精神和习近平新时代中国特色社会主义思想，践行社会主义核心价值观，牢固树立"四个意识"，增强"四个自信"。引导学生互帮互助、团结友爱，倡导学生向"文明公寓""学风优良公寓"看齐等。

（2）学风建设。指导学生养成良好的学习习惯，树立学习目标，明确学习任务，帮助、督促学生遵守学习纪律，鼓励学生积极报考全国研究生统一入学考试，提高学生英语四、六级通过率，降低课程重修、补考率等。

（3）养成教育。加强学生文明养成教育，指导学生学习《湖南城市学院大学生基本文明礼仪规范》，通过正面教育引导学生"爱校、护校"，文明修身，杜绝上课迟到早退、带食物进教学区、不做学习笔记、乱扔垃圾、随意男女串寝、公共区饲养宠物、大声喧哗等不文明行为。加强学生安全教育，提高学生安全意识，指导学生做好人身、交通、财产、用电、信贷等各方面不安全因素的防范。增强学生的正义感，培养学生处理应急事件的能力。

（4）困难帮扶。帮助学生解决日常生活中遇到的实际问题，如热水供应故障、楼道照明故障等，利用"相寓城院"公众平台进行信息收集与公寓维护。对家庭特别困难、有重大变故的学生及时反馈并给予一定帮助，使其能有信心、无障碍地完成学业。对家里有重大变故、情感失落、情绪失常的学生进行监控并及时反馈信息。

## （五）心理辅导进公寓

学校机关部处及教辅单位处级干部每人联系一间学生公寓，每月至少"面对面"接触学生1次以上；二级学院领导班子成员做到和学生常态化联系交流，每周至少"面对面"接触学生2次以上。要做好联系学生工作记录。

党委工作部门特别是学生工作部门的处级干部，要把一半以上的时间精力放在直接到一线联系学生、做学生工作上，同普通同学交朋友，推动解决学生思想、心理、生活、就业等实际问题，切实把思想政治工作做到学生的心坎上。

创新联系方式，把思政小课堂同社会大课堂结合起来。通过参加主题党日团日活动、主题班会、社团活动、文体竞赛等，拉近与学生的距离，成为学生喜爱的人；通过作形势报告、座谈交流、开设讲座等形式，用深厚的理论功底赢得学生尊敬，成为为学为人的表率；通过 QQ、微博、微信、微视频、邮箱等方式，倾听学生诉求、疏导学生情绪，以"键对键"作为"面对面"的有益补充。

将领导干部落实联系制度情况，纳入干部任用工作重要依据，新提任的党委工作部门负责人应有学生工作经历；将其纳入党员领导干部民主生活会对照检查重要内容；将其纳入校、院级党组织抓党建述职评议考核指标体系。

坚决杜绝形式主义、官僚主义，做到问题导向联系、情真意切联系、实实在在联系。对联系学生工作不到位或弄虚作假的，依规依纪追责问责，作出严肃处理。

做到四个到位。普及教育到位，重点跟踪到位，援助服务到位，保障机制到位。

依托成长辅导室开展心理教育与咨询活动。学校现有"健之行""心晴氧吧""心灵有约"等 5 个省级特色成长辅导室和"独树一帜""测耳倾听""美仁心记"等 6 个校级特色成长辅导室，成为开展心理辅导进公寓的重要抓手。

## （六）自我管理进公寓

### 1. 构建完备的自我管理教育体系

全覆盖成立学生会、楼栋长、公寓长、信息员四级自我管理教育机构。

### 2. 充实配强"四类"管理队伍

学工部门、后勤部门、物业公司紧密协同，统筹配置好生活指导服务类、网络舆情监控类、公寓安全维护类、文明行为监督类队伍。

### 3. 开展公寓文化节活动

每年定期组织开展紧扣时代主题的学生公寓文化节活动，营造生动活泼、文明高雅的公寓文化氛围。

### 4. 实施职业生涯教育

（1）丰富职业生涯教育形式，营造良好氛围。各二级学院要在日常就业指导教育的基础上，开展以职业生涯规划为主题的"职业生涯规划宣传月"活动，集中举办各类职业生涯发展与规划活动，如就业规划论坛、职业生涯讲座、职场模拟竞赛、职业生涯规划大赛等，使学生在实践中得到锻炼。

（2）完善职业测评，增强职业生涯发展引导实效。通过全方位、多形式地对不同年级的学生进行有针对性的职业生涯规划指导和约谈服务，培训专门人员为学生开展职业测评，对班级的每个学生进行普测，推进测评结果在职业规划、职业发展和工作生活中的应用。

### 5. 加强专业教育

（1）各二级学院要组织专业教研室资深教师（副教授以上）开设专业讲座或运用其他专业教育方式方法，让学生了解所学专业的培养目标、学习计划、专业发展、就业领域和发展前景，培养学生专业学习兴趣，巩固专业意识。各二级学院院长是本院专业教育第一责任人，各专业负责人承担本专业学生专业教育具体职责。

（2）建立专业教育长效机制，将专业教育贯穿于大学学习全过程。

### 6. 强化学习指导

（1）学校及各二级学院要加强对学生大学学习目标、学业规划、学习方法、职业规划等全方位指导。可通过"班导师制"、"一帮一"、建立学习互助小组、学习经验交流、课程学习辅导、考试辅导等各类活动，对学生进行学习指导。

（2）通过设置答疑辅导室、成长辅导室、学习指导室、问题咨询室等场所帮助学生答疑解惑。

（3）强化学生英语四、六级学习和考研辅导。

### 7. 严肃学习纪律

（1）学生必须自觉遵守课堂纪律，上课不迟到、不早退、不旷课。学生迟到或早退2次计旷课1次。各二级学院应视学生旷课情况，及时按照《湖南城市学院学生管理规定》处理。

（2）保障良好教学秩序，上课和自习时间手机必须入袋；严禁带早餐、零食，穿拖鞋、背心进教室；严禁代人上课、请人代课；上课和自习时间不准吃东西、睡觉、讲小话等。一经发现，予以通报批评，情节严重者，给予必要的纪律处分。

（3）周日至周四的晚自习时间（冬季：19：00—21：30；夏季：19：30—22：00），学生不开展与学习无关活动；大一年级要求集中在教室进行晚自习，大二及以上年级可在学生宿舍区、图书馆、自习教室等场所自主学习，自习时间不能玩游戏、看视频等；严禁在教学区、图书馆、宿舍区喧哗、吵闹。一经发现，予以通报批评，情节严重者，给予相应纪律处分。

（4）教务处、学生工作部（处）、各二级学院建立学习督查机制，做到严抓、严管、长抓、长管。

（5）充分发挥学生党员、学生干部自我管理、自我教育、自我服务、自我监督的职能。

## 二、湖南城市学院学生公寓文化的基本内容

自 2016 年第三次校党代会以来，湖南城市学院把真抓严抓常抓学风建设作为指导服务学生永恒的主题。学校党委书记在教职工大会上指出："不严抓教风学风就是失职、渎职，就是误人子弟。"学校党委书记深入学生宿舍调研，并指示晚自习时间要让学生宿舍静下来，严抓教风学风；校长深入课堂检查调研教师授课和学生学习情况，引导学生回归常识，刻苦读书学习；学校学风建设形成了主要领导亲自抓，分管领导分头抓，职能部门主动抓，二级学院具体抓，层层推进的新局面。学工部创新举措，狠抓优良学风进公寓工作，营造学风优良的学生公寓环境。

该校坚持以习近平新时代中国特色社会主义思想为指导，紧紧围绕立德树人的根本任务，引导学生回归常识，刻苦读书学习。通过制定《学风建设八条规定》《关于进一步严肃学生学习纪律的有关规定》等系列制度，明确学生公寓是学生学习的主阵地之一，周日至周四晚自习时间（冬季：19：00—21：30；夏季：19：30—22：00，节假日除外），严禁在公寓区开展与学习无关的活动，严禁在公寓内玩游戏、看视频、炒股或做其他与学习无关的事；各二级

学院定期组织开展公寓区学生学风建设调研，了解分析学生学风现状与问题；建立由学生工作部、团委、学院副书记、辅导员为主的教师学风建设工作队伍和督察责任机制，成立校院两级学生干部学风纠察队，每天进行学风督查和检查并及时通报处理，督促学生养成良好的学习习惯。

## （一）建立健全相关制度

完善《学风建设八条规定》《关于进一步严肃学生学习纪律的有关规定》《学生学风违规积分及处罚制度》《学生干部学风督察责任机制》《关于进一步加强学生公寓精细化管理的规定》《湖南城市学院党支部联系公寓实施办法》《学生党员、干部联系公寓制度实施办法》《学校领导干部深入基层联系学生工作要求》《湖南城市学院关于加强学生学风建设的实施细则》等相关制度。

## （二）打造学风建设队伍

成立校院两级学生干部学风纠察队，充分发挥学生党员、学生干部自我管理、自我教育、自我服务、自我监督的职能，督促优良学风习惯养成。邀请德高望重的教师（老教授、老专家、老领导）、知名人士、优秀校友重点在大一学生中开设励志、人文讲座，开展理想信念、人文素质教育，增强学生学习动机和学习兴趣。

## （三）实施学习目标管理

学生每学期期初制订学习目标，期末对照，制定改进措施。相关记录纳入学生成长档案。

## （四）深入开展学习指导

（1）学习困难学生、旷课学生、受处分学生、转专业学生、转学学生、休学学生分别由班主任、辅导员和学院领导实行谈心谈话，有针对性地开展集体和个体学习问题心理咨询与疏导。学生工作部制定学生谈心谈话记录表，各二级学院将谈心谈话情况记入学生成长档案。

（2）各二级学院加强对学生大学学习目标、学业规划、学习方法、职业规划等全方位指导。

（3）通过"班导师制"和"一帮一"建立学习互助小组、学习经验交流、课程学习辅导、考试辅导等各类活动，对学生进行学习指导。

（4）设置答疑辅导室、成长辅导室、学习指导室、问题咨询室等场所帮助学生答疑解惑。

（5）强化学生英语四、六级学习和考研辅导，由过了四、六级的学生对还未过级的学生进行结对帮扶。

## （五）严肃公寓学习纪律

周日至周四的晚自习时间（冬季：19：00—21：30；夏季：19：30—22：00），学生公寓不开展与学习无关活动，自习时间不能在公寓玩游戏、看视频等，学生工作部牵头深入学生公寓督查学习纪律情况。

（1）不迟到、不早退、不旷课，提前十分钟到教室准备上课。

（2）课堂禁止使用手机，不做与学习无关的事情。

（3）周一至周四晚上，不开展与学习无关的活动。

（4）学生宿舍是重要的学习场所，自习时间不准玩游戏、看视频，严守作息时间，不晚归、不外宿。

（5）讲诚信，不作弊，严守考试纪律。

（6）勤思考、勤动手，积极参加学术讲座和学科竞赛。

（7）多读书、读好书，认真参加读书活动。

（8）讲文明、守规矩，自觉接受学风检查和督查。

## （六）丰富公寓学习活动

湖南城市学院高度重视公寓文化育人功能的发挥，学工部集中精力和力量进行学生公寓这个第二课堂的建设。以二级学院为单位实行"社区制"，由二级学院的党总支书记任社区主任，学生工作办公室主任任副主任，负责所辖二级学院公寓的总体管理，整体推进公寓管理和思想政治教育进公寓，实现公寓文化的育人功能。由党委督查二级学院和社区、二级学院社区督查辅导员和楼层、辅导员督查班主任、中层干部分片包干，开展文明公寓创建工作，形成直接督促学生安全、文明、卫生习惯养成的督查体系。坚持"晨整理、周清扫、日督查"制度，即要求每个公寓成员早晨抽5到10分钟时间整理内务，每个星期全面打扫公寓一次，学生处每天去公寓督查一个小时。在推进公寓日常管理的基础上，开展富有特色的公寓文化活动和公寓文化工作。学校拨出公寓文化建设专款，每个社区、每个楼栋都结合自己的专业特色，创造富有特色的公寓文化，如体育学院的阳光体育文化社区、艺术学院的"艺"文化社区、管理学院的营销文化社区、机电学院的青年汽车文化社区、建筑与规划学院的营造文化社区等，这些社区的建设既提供了公共休闲场所，又陶冶了学生性情。在公寓内，鼓励学生创造多样化的文化氛围，美化公寓，共同营造美好的生活空间。

湖南城市学院鼓励学生找到适合自己的公寓文化建设方法。如市政与测绘工程学院打造了"宜居、宜学、宜乐"的公寓环境，形成了"诚信、专业、职业"的公寓文化的模式。除了开展每日三查两整改、阳光周末大扫除活动、男女生结对帮扶活动、文明示范公寓挂牌亮相、最美职业文化公寓评比外，另行开展公寓公约制定、签订文明公寓承诺书、邻里间互赠椅子脚垫等活动，推进社区管理在公寓文化育人工作中发挥作用。二级学院负责抓好本院学生晨读晨练和学生公寓晚自习，组建专业学习小组或社团，至少安排一名教师进行指导，每专业每学年至少组织一项有专业特色的学习活动或专业竞赛。

## （七）加强学风奖惩管理

开展优良学风班级、优良学风公寓评选，将学习成绩、奖惩信息纳入学生干部选任、个人评先评优、入党、出国留学、就业推荐、转专业、优秀集体评选等评选标准。对违反学习纪律学生及时作出处理并通报。

### 1. 违纪处理具体办法

（1）迟到、早退记为课堂违纪；旷课处理如下：学生一学期内累计旷课达 8 学时者，作出通报批评处理；9~16 学时者，给予警告处分；17~24 学时者，给予严重警告处分；25~39 学时者，给予记过处分；40~49 学时以上者，给予留校察看处分；50 学时及 50 学时以上者给予开除学籍处分。旷课学时按学籍管理有关规定计算。

（2）要求学生上课期间手机入袋，严格控制课堂上的手机使用。

（3）请人代课或代人上课者，第 1 次给予双方批评教育；第 2 次由学工部给予警告处分，依次加重处分，同时记为旷课累计。

（4）上课时间做与学习无关的事，在记为违纪的基础上依据有关规定给予批评教育、警告处分；

（5）大一年级全校集中安排晚自习，大二以上年级有条件的学院可自行安排晚自习，其余学生在教室、图书馆、宿舍自习。集中自习纪律同课堂要求。

（6）在教学区、宿舍区、图书馆喧哗、吵闹者，依据学生条例扰乱公共秩序处理规定，视情节轻重给予警告以上处分。

（7）校内考试违纪按照学校有关办法严肃处理；国家级考试违纪按国家有关法律处理。

2. 违纪处理权限

按照谁查到，谁处理原则，学工部、团委组织的检查督查中发现违纪现象，均为全校通报，学工部或学校行文，违纪数据和学院目标考核、辅导员业绩挂钩。

为鼓励学院主动作为，抓小抓实，学院组织的检查中发现的违纪情况不计入学校学生违纪考核数据，学生工作部门只备案，不和目标考核、辅导员业绩挂钩，对敢抓善管业绩突出的老师给予通报表扬。

## （八）加强学风建设宣传

（1）通过校园网、校报、广播台、电视台、QQ、微博、微信、电子显示屏、宣传展板、宣传橱窗、宣讲团、报告会、主题班会等途径和方式，大力宣传优秀学生的典型学习事迹，弘扬勤奋学习、刻苦钻研的进取精神，推介良好的学习、工作经验。大力宣传优秀学生的典型学习事迹，弘扬勤奋学习、刻苦钻研的进取精神。

（2）通过树立电子显示屏、校报设立学风建设专栏、开设学风建设微博平台等方式，宣传学风建设情况，及时公布学生的表彰和处分等信息。

（3）高度重视学术道德和学风建设工作。学校成立了学术道德委员会，研究并出台加强学风建设工作的各项规章制度，对学术不端等问题进行严肃处理，取得良好成效。学校围绕"自觉遵守科学道德，努力践行学术规范""科学道德和优良学风的养成与为人治学的关系"以及"遵守科学道德，培育优良学风，做好科研工作"三个主题，通过师生论坛、主题研讨会、学术报告会等形式多样的特色主题活动，引导广大师生树立正确学习观念，热爱科学、追求真理，抵制投机取巧、粗制滥造、盲目追求数量而不顾质量的浮躁风气和行为，有效提升了优良学风在广大师生中的影响力。

## （九）加强公寓硬件建设

（1）加强学生公寓生活场所的文化设施建设。

（2）建设好励志主题雕塑，维护好宣传橱窗、阅报栏、旗杆、标识牌、电子显示屏系统。

（3）提高学校公寓网络运行速度和质量，加强学生上网行为的管控，引导学生健康上网、文明上网。

## （十）条件保障

（1）各学院成立优良学风进公寓领导小组，负责制订和实施本学院的公寓学风建设具体行动方案。每学院创建一项学风建设品牌活动，每年提交一份学风建设情况报告。

（2）学工部门和各二级学院建立学风联动机制，定期召开公寓学风建设联席会议；二级学院建立家校联动机制，将学生学习情况及时告知家长。

（3）学校提供公寓学风建设专项经费，支持相关职能部门和各二级学院在学生公寓学风建设活动的开展与研究。

# 三、湖南城市学院学生公寓文化建设的主要成就

通过发放调查问卷和走访的形式了解到湖南城市学院学生公寓文化建设取得的成绩主要表现在以下方面。

## （一）育人作用的发挥方面

### 1. 增强了学生的自主能力

充分发挥学生的自主能动性，让学生自己为公寓的文化建设献计献策，增强了学生的凝聚力，树立了集体观念和"家园意识"。许多同学以宿舍为单位积极参加学校组织的各种征求意见与建议的活动，多以"我爱校园，我爱宿舍"为主题来赞扬学校的学生公寓文化建设工作，指出了很多长期困扰学校发展的问题，提出了建设和谐校园的意见和方案。

### 2. 培养了学生的集体主义精神

对大学生正确的思想、心理、习惯、行为方式的养成和人际交往的提高具有重要的作用，也增强了学生的团队精神，培养了学生交际的能力。可以看到，在湖南城市学院，传统的分专业、分班级的管理方式，以及学生公寓实行的封闭式管理，使得学生的交往受到限制。加强湖南城市学院公寓的文化建设，开展丰富多彩的公寓文化活动，增加了公寓成员与外界接触的机会，拓宽了交际范围，有利于彼此的沟通和交流。湖南城市学院公寓之间的联谊活动、周末舞会、青年志愿者活动，加强了公寓之间学生的沟通和与外界的交流。以公寓为单位的活动，培养了学生的集体荣誉感和团队精神。

### 3. 提高了学生的综合素质

大学生正处于人生的转型期，也是提高综合素质的黄金时期，知识的积累，素质的培养，能力的提高，良好品德的养成都需要正确的引导。湖南城市学院开展丰富多彩的公寓文化活动，积极配合课堂教育，使公寓文化活动成为学校各项教育的延续。健康有益的公寓文化活动，对大学生开发潜在能力，全面培养个性，起着不可替代的作用。它可以净化学生心灵，陶冶学生情操，使学生在无形之中受到道德观、价值观、世界观等方面的教育。它还培养学生的参与意识，使学生在价值取向、活动能力等方面都得到锻炼和提高，对开展素质教育、提高学生的综合素质起着重要的作用。

## （二）制度建设方面

### 1. 建立健全公寓制度，多方配合加强了宿舍文化建设的规范和管理

在探索公寓管理理论的同时，完善各项规章制度，实施考核制度，将考核结果纳入学生综合考评体系之中。具体做法是每月通过检查评定文明宿舍、学风建设优秀宿舍，并将评比结果纳入学生的综合测评里，与学生的入党和评优相关联。

### 2. 保障了开展公寓文化建设的长期性与实效性

能够很好地遵循教育原则，积极主动地跟进学生的思想，从而更加有利于

学生的发展。例如，通过"三自（自我管理、自我服务、自我教育）委"的工作，学校已经探索出了一条规范的管理方法，这将有利于进一步做好学生管理工作。

### 3. 建立公寓文化育人制度

为充分发挥基层党组织的战斗堡垒作用，增强党员全心全意为人民服务的宗旨观念，进一步增强党组织和党员及时了解师生思想状况的自觉性，学校建立了党员教师联系学生公寓制度。通过开展各类活动有效促进师生联系、建立情谊，经过多年探索，现在发展成学校所有中层干部和教工党支部联系学生公寓制度。联系制度以教工深入走访学生公寓为载体，将德育工作延伸至大学生生活之中，避免思想政治教育远离大学生生活而显得苍白无力，以公寓为阵地，将"育人"这一理念，内化于心、外化于行，有机渗透到学生生活和学习的各个方面。如确定了教职工每月必须走访联系公寓一次，开学初、期末放假或遇特殊情况时必须与公寓联系谈话谈心等基本任务。教职工深入了解所联系公寓学生的学习、生活、家庭情况以及存在的问题和困难，及时掌握学生的基本情况和思想动态，帮助学生答疑解困，通过相关渠道反映学生的一些特殊情况和问题困难；指导联系公寓积极参与公寓文化建设活动，遵守公寓文明规范，如不违规使用大功率电器，保持公寓干净整洁，地面无烟蒂、无痰迹，床铺、书桌及物品摆放整齐。每年学校都举办师生共同参加的公寓文化节活动，直接拉近了师生之间的距离。落实督查制度，学校成立相关部门组成的联合督查组，派员不定期地进行制度落实情况抽查，检查《中层干部联系学生公寓工作手册》填写情况、师生之间的互动频率和学生公寓文明建设的评比结果等，收集、整理、分析学生所反映的问题与建议，直面矛盾和问题，切实为学生办实事、解难事，让学生真正感受到了学校和教师对他们真诚的关爱和帮助。

## （三）对学校教育环境的贡献

### 1. 更好地推动了文明高校的创建

文明高校创建要求一个良好的学校教育环境。这样的环境引导了大学生自觉培养重集体、讲道德的高尚情操，使学生们具备高素质、好行为、好习惯，从而更好地发展。2021 年湖南城市学院被评为"湖南省文明标兵校园",这离不开学校长期坚持宿舍文化建设方面的努力。

### 2. 促进了优良学风的形成

勤奋好学、积极向上、团结友爱的公寓文化氛围,无疑会对生活在其中的每个成员产生积极的影响。据调查问卷数据统计,湖南城市学院 68.3% 的学生可以在公寓中共同探讨专业知识,交流学习体会。宿舍和谐有序,文明有爱,学风浓厚。对高校优良学风的形成将起到良好的示范作用。

### 3. 促进了大学生思想政治教育环境的优化

公寓文化促进了大学生思想政治教育环境的优化。湖南城市学院发挥了公寓文化教育面广、教育形式多的优势,积极开展形式多样的思想政治教育活动。例如,湖南城市学院在宿舍楼、公寓等地方装饰了大量的励志图片和宣传标语。通过这种方式这对学生进行思想政治教育,一定程度上有助于提高大学生思想政治觉悟。

# 第六章　高校学生公寓文化建设的问题分析

## 一、高校学生公寓文化建设存在的主要问题

根据马克思、恩格斯对"文化"概念的广义与狭义之分来理解"公寓文化"，公寓文化既有"虚"的一面，又有"实"的一面。"虚"是因为它"游移"于公寓空间、规章制度及方方面面的具体事务中，只可意会，很难言传，更难量化；"实"是因为它"扎根"于公寓全体同学的观念和行为的范畴里，在学生的政治信念和价值取向等方面悄悄地发挥作用，所以，公寓文化又是存在的，也就是说公寓文化是"视而不见"却又"处处可察"。可见，公寓文化是以学生为主体，以宿舍为主要活动空间，以课余活动为主要内容，以校园精神为主要特征的一种群体文化。学生公寓文化建设是大学校园中一道亮丽的风景，不仅给校园带来了勃勃生机，而且为整个学校的精神文明建设开辟了广阔道路。因此，高等学校必须重视和加强学生公寓的文化建设，要与时俱进，及时发现新问题，采取新举措，总结新经验，促进高校学生公寓文化建设的创新与发展。

大学生公寓文化建设近几年已取得一定的成绩，公寓的生活环境有了很大的改善，扩大了学生的住宿空间。在文化建设方面也有一定的突破，公寓活动不再局限于卫生评比，公寓管理员的素质较之前有所提高，但仍存在较多的问题，需要进一步地改善。

### （一）物质文化尚显薄弱

随着社会整体生活水平的提高，高校公寓的条件也不断地改善，一座座漂亮的学生公寓拔地而起，设施愈加先进化、人性化。"门面"愈来愈让人感到

满意，可进入学生公寓内部，"脏、乱、差"现象屡禁不止，得不到彻底解决。

一是现代化设施尚不完备。大学生公寓文化的建设必须紧跟社会主义现代化建设的发展需要，满足学生新的需求。随着经济的发展，许多大学在教学设备上更新换代，多媒体教室相应而生，板书被投影代替，方便了教师的教学和学生的学习。现代化设施能更好地为学生提供方便新型的服务，自动断水断电、安防监控、门禁管理、灯光控制、空气净化等，在能源优化的基础上更让学生体会到科技的进步和创新。但是，由于缺少资金等主客观原因大多学校并没有考虑迎合数字化、智能化的时代特色为学校的公寓进行现代化设施的更新，无法满足新时代学生对于便捷生活的切实需要。

二是物业管理缺少教育内涵。当前大学生公寓逐渐向社区化转型，公寓的管理模式也更偏向社会化，物业管理已经成为当前学生公寓的主要管理模式。但目前大学生公寓的管理模式差强人意。物业公司对学生的住宿环境和物质设施不负责，造成学生的住宿安全、住宿卫生、设施维修等问题无法保障和及时解决等问题。大学生公寓的管理虽然逐渐社会化，学校对学生后勤的管理也逐渐减弱，但是对于物业管理模式出现的问题应该加以重视并积极解决，让公寓管理与学校管理的实质相融合，共同保障学生的住宿环境，使公寓育人工作能够有效与学校连接，保证学生公寓育人功能的发挥。

## （二）制度文化操作性不强

许多高校有成套的学生公寓管理规范，但大多针对性不够、号召力不强、措施不力，不能真正成为公寓成员的规范，形同虚设。如有些制度虽然张贴在学生公寓的醒目位置，但夜不归宿者有之、破坏公物者有之、乱贴乱挂者有之、乱拉乱接也大有人在。

一是公寓制度体系尚不完善。通过查阅公寓制度，发现在公寓制度的制定上往往参照网络上很久之前制定的规章制度，没有针对新时代学生公寓中出现的新问题进行制度的及时更新。陈旧的制度缺少科学化和规范化，制度涵盖不全面，体系不完善，无法适应新时代的发展，不能起到应有的激励约束作用，导致公寓内部秩序混乱，管理人员无从管制，问题频发。大学生公寓制度文化不能随着时代的发展而及时地做出调整，会让公寓内部面临新的问题时无章可循，制度的更新没有落到实处，导致整个制度体系不能有效运行，公寓的秩序混乱，人心不齐，阻碍其育人功能的发挥。

二是执行反馈机制不够有效。学生公寓制度文化是公寓文化育人功能的有效保障，具有规范学生行为，汇集个人潜能，促进教育者与受教育者的学习热情，丰富公寓文化内涵等育人功能。制度的执行是发挥制度育人功能的核心环节，但在实际操作中往往出现违背制度、随意执行等不良行为，造成制度执行中的各种矛盾，弱化了公寓制度文化的原有的约束激励功能。此外，缺乏合理的评价、反馈机制和相应的评估和奖惩的标准，制度的实施效果无法及时反馈，不能进行有效的改良和完善，不利于公寓文化育人功能的发挥。

## （三）精神文化不能紧贴时代需求

习近平总书记曾说"精神的力量是无穷的"，可见精神文化是我们的思想指导和精神支撑。学生公寓文化的灵魂在于精神文化，以社会主义核心价值观为理论基础的优秀高校公寓文化，才能培育出中国特色社会主义事业的优秀接班人。学生公寓应该是发奋学习、放飞理想的地方，但个别大学生追求时尚、爱好虚荣、贪图享受、淡化理想、不思进取。

一是文化活动稍显单一。通过了解学生公寓文化节等活动的举办方案和成果，发现学生公寓中的文体活动大多形式单一，内容雷同，甚至把公寓的文体活动形式化、流程化，导致许多学生出现消极的情绪，活动开展的结果适得其反。公寓文化活动没有充分考虑学生的兴趣和爱好，大多是"文明公寓""学霸公寓"等益智类的活动，缺乏生活、娱乐类的文化活动给学生提供休息放松的平台，学生参与积极性不高，精神世界得不到满足，文化育人无从谈起。

二是文化交流不够积极。公寓人员划分一般以专业、院系、学科分类相对集中居住，公寓成员也来自同一班级方便管理，这种管理模式的形成造成了学生之间的跨专业交流受限，多元文化的传播受到影响，公寓文化的交流融合困难。

三是文化渗透不够贯通。公寓文化是大学校园文化的一个重要分支，大学生校园文化的发展方向引领着大学生公寓文化的优化，大学生公寓文化的进步促进着大学校园文化的完善，两者相辅相成，相互渗透。目前，学生公寓文化缺少与大学校园文化的双向交流、互动，无法在学生公寓中传承本校校园文化的独特品格以形成具有该高校特色的大学生公寓文化，这种与校园文化脱节的现象导致大学育人理念、价值观念、校风学风无法在公寓中有效渗透，影响大学生公寓文化育人功能的发挥。

四是党建工作尚未普及。党的十八大以来，党中央高度重视高校党建和思想政治文化建设，对于如何做好新形势下高校思想政治工作有了进一步的要求。学生公寓作为育人重要阵地，是增强党组织凝聚力的核心平台，但公寓党建和思想政治建设还不够充分，让思政课堂教学与课后教学无法有效对接，造成了思政工作的盲区。公寓"党员工作站"的建立尚未普及，学生党建和思想政治工作向学生公寓的延伸和拓展尚未深入，时效性和针对性不强，发挥的教育功能还远远不够。为了深入贯彻全国高校思想政治工作会议精神，树立"立德树人"的根本使命，除了办好思想政治理论课，更应该解决高校其他课堂存在的育人功能弱化的问题，把思想政治工作贯穿教育教学的全过程。

# 二、高校学生公寓文化建设的主要影响因素

正确分析大学生公寓文化建设的现状，是加强大学生公寓文化建设的基础。这不仅有利于我们提高对大学生公寓文化建设的重视程度，而且可以使我们采取切实可行的针对性措施，提高大学生公寓文化建设的总体水平，更好地发挥大学生公寓文化的功能，全面提高学生素质。

## （一）功能定位不精准

一是重视程度较低。目前，个别公寓管理人员会对学生进行各方面的宣传和教育，但是，学生不认同公寓管理人员，认为只有上讲台的老师才有管理和教育他们的权利。因此，辅导员应同公寓管理人员一起进公寓对学生进行宣传教育，了解学生的思想动态，及时解决问题。有的辅导员从形式上应付进公寓，但没有发挥辅导员应有的作用，甚至有的老师以学生成绩好、是班干部等各种理由庇护在宿舍违纪的学生，致使公寓文化建设出现公寓管理与德育工作"两层皮"的现象，这样不但助长了学生轻视公寓管理规定和不尊重公寓管理人员的行为，而且不利于学生走向社会和自身的成长。部分辅导员几乎不到学生宿舍，学生公寓中有党组织的也不多。大学生公寓文化对强化大学生思想政

治教育，丰富学生的业余生活，陶冶学生的审美观念等方面发挥着重要作用。但管理层对于大学生公寓文化育人功能的重视往往流于口头、书面，并没有把公寓文化作为大学生教育的一个重要载体，公寓文化的建设在物质上缺乏资金的支持，制度上没有及时的更新，精力上缺乏投入，在人力、财力、物力方面得不到保障，育人水平难以提高。

二是功能认识存在误区。对学生公寓文化育人功能的错误认识会导致公寓文化建设时重心倾斜，或在建设的过程中过于形式化而忽视其内在的文化底蕴。学生公寓文化建设参与者，或者说是广泛的客体是关系公寓文化建设得失、成败的重要因素。参与者是否广泛、具有代表性，决定了公寓文化建设的基础是否牢固，是否体现了先进文化大众性的要求。从公寓文化的受众或参与者角度来讲，如果公寓文化建设存在盲区，那么校园文化建设与大学精神传播上会有缺憾。因此，我们必须重视和解决这一盲区问题，让公寓文化之花开在每位学生的心头。学生公寓文化涵盖了学生娱乐、生活、学习、交友等多方面的功能，太过强调物质设施建设会致使公寓文化追求表象，质量大打折扣，形成"泡沫型"的文化，育人效果不佳；而过于追求短时间内公寓文化带来的育人效益会导致文化功利化的现象，公寓文化变成了高校间的跟风和攀比的筹码，文化建设陷入误区，违背了其原有的育人目的。

## （二）文化建设投入少

生活文化的受众是多方面的，就像电视台有各种专门频道，满足不同受众、不同时段的不同需求。因此，可以用"雅俗共赏"四个字来形容学生公寓的文化定位。

所谓雅就是学生公寓文化要体现先进文化的要求，用先进的文化占领高校这块文化高地中学生公寓这块洼地。雅是对学生公寓文化效果的一个指标，要以提升学生的审美意识、审美能力为落脚点，让学生在公寓文化中体验到美，培养他们健全和完善的人格。一些导向性的公寓文化建设举措，如党建工作进公寓、科学发展观进公寓等都是雅的体现，但是，很多时候，也会曲高和寡，需要不断创新表现形式。

所谓学生公寓文化中俗的部分主要是一些常规性的文化活动，比如宿舍书画大赛、三人制篮球赛等以及其他的一些大众性文化活动。这些活动就像日常生活中的吃饭问题一般寻常，看似没有大的意义，但是又必不可少，是滋润学生生活的源泉。这些活动只要编排得当，便会发挥出巨大的力量。

一是文化建设经费不足。我国市场经济的运作开放了教育市场，使办学主体更加多元化，对大学生公寓的运作方式和管理理念产生了影响，对社会主义办学方向提出了严峻的挑战。学校对于公寓的资金投入决定着学生公寓的发展进程和优化程度，大学生公寓在设施更新、外部绿化、物业管理上的完善都依赖于学生公寓的建设管理经费，目前公寓文化育人功能中存在的许多问题都需要高校从源头入手，解决经济投入不足造成的文化育人功能弱化。

二是对学生成长需求考虑不周。公寓选址不科学。公寓地理环境直接影响学生住宿的心理状态，地理位置决定着公寓的客观环境，部分高校在公寓的选址上忽视了学生住宿的舒适度和安全度，对学生的思想、行为习惯造成了一定的消极影响。内部设施舒适度低。学生公寓配套设施、空间设计等人性化的细节对大学生公寓文化育人功能的发挥有很大程度的影响。高校公寓的建设一般依照《关于大学生公寓建设标准问题的若干意见》，但是相比国外公寓人均 $24\sim25m^2$ 的住宿面积来讲，我国学生公寓的空间面积和空间形式都很难满足学生的居住要求。

三是学生心理环境。学生公寓中成员之间的人际关系、情感交流是提升学生幸福感的主要途径，大学生公寓中群体的心理氛围对学生的整个学习、生活具有十分重要的意义。积极向上的公寓文化氛围有助于学生养成良好的生活习惯，在长期共同生活的过程中，形成积极向上的情绪状态，化解学生由于个体原因造成的差异和矛盾，营造舒适、和睦、团结的公寓文化环境。反之，学生心理环境出现问题将会影响整个公寓组织的良好风气，公寓文化的规范作用、激励作用、渗透作用都无从发挥。

四是公寓文化建设缺少特色。高校是知识创新、文化创新的重要平台，大学生公寓文化更应体现与时俱进的创新意识，保持自身历史的、文化的传承，融合新概念、新思维，体现不同高校大学生公寓文化的个性。但一些高校学生公寓文化缺乏自身特色，基础设施不够现代化，管理体制滞后，没有立足公寓未来的发展和学生切身的需求，文化育人功效不足。

## （三）管理理念迭代慢

一是管理观念陈旧。随着我国高等教育改革的不断深化，学生管理工作面临着许多新情况，学生的整体素质、价值观念、个体需求都有所变化，因此公寓学生管理工作需要不断探索新思路、新制度和新措施，过分追求一致同意和绝对服从的传统管理方式只会导致学生的逆反心理，而减弱公寓文化育人功能。新时代学生公寓管理理念应坚持以生为本，从学生的内在需要出发，引导学生树立远大理想，养成良好的习惯，落实"教育、管理、服务"三大主题，加强教育功能和服务功能，确保三足鼎立的良好局面。结合全面素质教育阶段目标，树立全员育人意识，动员学生公寓中的每一个工作者，为学生成人成才创造良好的条件。在管理观念的更新下完善公寓管理体制，以适应新的教育和社会背景下学生公寓出现的新问题，让管理手段刚柔并济，以心理辅导、党团带头等多种办法来提升公寓管理工作，利用互联网技术和管理的有机结合，开辟学生管理的新途径。

二是缺乏主体意识。学生是公寓的主人，也是公寓文化建设的重要主体，公寓文化从学生群体中凝聚，又影响着学生的发展，由于传统教育模式，学生往往处在被动位置。大学生公寓文化的建设更多是从学校或公寓管理人员的角度出发，并没有充分依靠学生、相信学生，无法让学生在被重视中学会自我教育、自我管理、自我提升。因为对学生主体的忽视，让学生很难意识到自己在公寓文化中的主体地位，他们也认为公寓文化的建设和优化是学校和管理人员的事情，很少有学生可以积极参与到公寓文化的建设中去，降低了文化育人的实效性。

## （四）文化创新能力弱

创新是任何文化生命力的源泉所在。没有创新的文化是难以持续发展的，这在高校学生公寓文化建设中尤为明显。

现在高校大学生的个性展示、利益表达、审美诉求等方面都呈现多元化。那种一成不变的公寓文化模式和内容，势必要有所改变或突破。

在文化创新方面下大功夫，花大力气。社会上的一些文化创新为何能大受观众喜爱？其中的一些积极因素我们可以大胆借鉴和吸收，比如，对文化受众心理需求的准确把握和恰当的文化表达形式等。

那么高校学生公寓文化如何创新呢？这或许是一个老生常谈的话题。我们认为，首先要树立创新的理念，转变思想，不断否定自己，不断超越自我。要不断地走出去，甚至到国外去，汲取国外高校公寓文化建设的有益养分。其次，要有一支文化创新的队伍，不仅要培养公寓管理者成为公寓文化建设者，而且应该吸引学生组织等作为公寓文化的参与者。这是公寓文化不断创新的人力资本。再次，要有一套文化创新的方法体系。也就是说要有自己的文化建设方法论，能打组合拳。没有方法，只稀里糊涂地去建设文化，结果可想而知，更不要谈什么创新了。

# 第七章　高校学生公寓文化建设的路径

## 一、提高对公寓文化重要性的认识

21 世纪是一个发展与变革的时代，高校文化建设的内涵在当代不仅仅只是重学业和校园文化，应当更多地把注意力转向学生生活发展的平台上。高校公寓建设不只是包括宿舍卫生、秩序、环境等可以用数据来衡量的指标，现代的公寓建设将更多地涉及学生思想发展、个人塑造、人格健全等方面。加大对公寓文化的重视程度和投入力度，加强公寓文化建设，使公寓成为大学生的第二课堂显得尤为重要。

能否建立良好的宿舍文化，关系到同学们能否愉快地度过大学生活，能否形成健康的人格，同时，也是能否进一步加强大学生思想政治教育的一个重要方面。那么，如何营造好的宿舍文化氛围，塑造良好的人际关系，就成为师生共同关注的问题。

### （一）公寓文化建设的重要意义

随着高校管理体制和后勤社会化改革的不断深入，学生宿舍逐步走向公寓化管理，公寓在学生培养过程中的地位日趋重要。因此，通过大学生公寓文化的建构，寓思想政治教育于丰富多彩的大学生公寓文化活动中，促使青年学生全面健康成长，已成为现实的要求，大学生公寓文化建设在大学教育中的作用显得越来越重要。

1. 大学生公寓文化建设关系到高校培养目标的实现

日益活跃的市场经济和快捷的大众传媒，增进了大学生与社会的沟通和交往。大学生可以在公寓里随时听到国内外的各种声音，他们足不出户便可获得大量的信息。尤其是计算机和智能手机的普及，使大学生能通过网络便捷地查询和利用多方面的社会信息，公寓成了评价和交流这些信息的最佳场所。大学生们经常在公寓里针砭时弊，指点江山，他们愿意在公寓里发表自己的见解或争辩某些热点问题。这些无疑有利于公寓成员开阔视野，启迪思维，活跃思想。但是，由于大学生思想单纯，情绪不够稳定，缺乏社会阅历，很少有机会深入社会，对社会环境的复杂性知之甚少，只能凭借各种传媒、舆论及一些社会现象去进行一些简单的分析和判断。因此，其辨别是非能力差，容易为表面现象所迷惑。有的大学生对国外某些观点深信不疑，并在公寓里大肆渲染，这往往容易使公寓的其他成员产生思想混乱；有的大学生容易听信别有用心者编造的各种谣言，并在公寓里传播，这使得小道消息、流言、谣言大有市场，从而造成大学生辨别力下降。因此，大学生公寓文化建设状况将直接影响到大学生的思想政治素质，关系到高校培养目标能否实现。高校加强大学生公寓文化建设，引导大学生树立坚定的共产主义信念、强烈的爱国情感，培养勇于坚持真理、自觉学习、坚持马克思主义的良好思想政治素质，确立科学的世界观和方法论，能使大学生在错综复杂的环境下保持清醒的头脑，树立正确的政治观点和政治信念。同时也有利于学生的学习及其全面发展，有利于学生保持良好健康的精神状态，有利于大学生提高自身素质，从而保证实现高校培养目标。

### 2. 大学生公寓文化建设是高等教育改革深入发展的需要

高教改革的基本趋势之一是实行全面学分制。在全面学分制条件下，学生可以自行制订学习计划，自主选择专业科目，自行选择上课时间和地点。这种教育体制上的变化，必然引发班级松散、年级淡化的新情况，过去长期形成的学校抓院系、院系抓班级的高校学生思想政治教育管理模式就会受到冲击。特别是高校后勤社会化后，全面学分制的实施，使得学生公寓所具备的功能会包含现在班集体所承担的功能。因此，高校的教育者应走进学生公寓，对其实施人生目标引导，培养大学生积极健康的思想和行为，创造树立正确的思想观念和培养科学的思想方法的有利环境。重视和加强大学生公寓文化建设，把对学生的思想政治教育融入日常的大学生公寓文化建设中，利用公寓这个阵地，引导学生自我管理、自我教育，这不失为当前和今后高校学生思想政治教育的一条重要渠道。

### 3. 大学生公寓文化建设是加强高校社会主义精神文明建设的需要

高校是传播文化、推进文明的场所，而大学生公寓是反映高校精神文明建设的一个很重要的窗口。公寓状况如何，对大学生的精神风貌有直接影响。目前，高校学生在基础文明修养方面还存在一些问题。事实告诉我们，如果正确思想不去占领，那么腐朽思想就必然会去占领。因此，高校应将大学生公寓文化建设纳入学校育人工作的轨道，站在加强社会主义精神文明建设的高度，予以重视和加强。

### 4. 大学生公寓文化建设是优化高校德育环境、做好高校德育工作的需要

对当代大学生进行思想道德教育，一般有两种方法，即显性教育法和隐性教育法。所谓显性教育法是指以教师、书本、教室为中心的教育。这种教育明显而直接。所谓隐性教育法，是指通过某种环境氛围，让受教育者在不知不觉的状态下，受到潜移默化的影响。隐性教育具有经常、潜在、间接、深刻的特点。现代社会学、教育学研究成果表明，隐性教育法的这些特点在促进大学生成长方面比显性教育法更易为学生所接受。公寓的环境和氛围，对大学生的思想品格、价值取向、行为规范和生活方式的影响是经常而深刻的。

高校公寓小环境的文明程度、格调高低，既反映出大学生自身的精神风貌，又对大学生心理产生了无形的影响。健康向上、丰富多彩的大学生公寓文化，能够使公寓成员和睦相处，形成良好的心境和愉快的情感，使道德情操得到升华。饭后闲聊，睡前卧谈，使大学生彼此之间加深了解，建立友谊，增进感情，学会忍耐与宽容，学会彼此尊重人格。但是，也有少数大学生沉迷于黄色影视节目和不良电脑游戏，在公寓经常谈论一些低级庸俗的话题，相互之间用语粗俗，公寓脏乱却不去主动打扫整理，对公寓公物毫无维护之心……这些都容易对同公寓同学的道德素质产生不良影响。

高校学生管理工作实践证明，大学生公寓文化建设对大学生的健康成长起着独特的、不可替代的作用。因此，在新的历史条件下，重视和加强大学生公寓文化建设是进行大学生思想道德教育的最佳途径之一。

## （二）转变对公寓文化的认识

大学生公寓文化是全校师生员工共建、共享、共有的群体文化。只有学校

领导高度重视，全校师生员工热情支持与积极参与，才能保证其繁荣兴旺、长盛不衰。

要建设优秀的大学生公寓文化，转变观念是关键。要克服公寓只是大学生居住的住所，文化建设可有可无的观念，提高对大学生公寓文化建设重要性与必要性的认识；克服公寓建设只是基础设施与环境建设的观念，将大学生公寓文化建设作为重要内容纳入学生公寓建设的总体规划；克服学校只需加强校园文化整体建设，大学生公寓文化建设作用不大的观念，将大学生公寓文化建设作为校园文化建设不可或缺的一部分，统筹规划，共同实施；克服学校德育工作主要在课堂的观念，将大学生公寓作为高校德育的重要阵地，从优化德育环境的高度加强大学生公寓文化建设；克服大学生在公寓学习作用不大的观念，结合新时期学生公寓的变化，完善公寓内的学习设施，营造良好的学习氛围。

院校领导者和公寓管理部门人员的观念，影响着大学生公寓文化建设的健康发展。公寓文化是校园文化中极其重要的一部分，它是校园文化的一种直接体现。目前高校虽十分重视校园文化的建设，却忽视了公寓文化在其中的重要作用，缺乏对大学生公寓文化功能和作用的深入了解，没有意识到健康的大学生公寓文化对学生思想、生活的重要影响。由于学校没有端正对大学生公寓文化建设的认识，没有把公寓文化建设放在应有的地位加以重视，大学生公寓文化建设年只是复一年地流于形式，没有正确地发挥其功能和作用，导致了一系列问题的产生，例如学生逃课、打架斗殴、行为粗鲁。课堂上老师的文化教育、学院里的思想政治教育固然起到了重要的作用，但也不可磨灭了大学生公寓文化的功劳。

要充分了解大学生公寓文化的功能。大学生公寓文化具有育人功能、规范功能、引导功能、潜移默化功能、放松娱乐功能等多种功能，但高校对大学生公寓文化的认识始终停留在"管理学生"的层面上，只看到了公寓"管"的功能，忽略了公寓文化的其他功能。片面地认识大学生公寓文化、缺乏对大学生公寓文化建设重要性的认识，不但限制了大学生公寓文化其他重要功能的发挥，而且严重阻碍了公寓文化建设的发展。因此必须提高对大学生公寓文化建设的认识，这是建设公寓文化的前提，只有先在思想上有了足够的重视，才能保证其他工作的顺利开展。

高校要意识到大学生公寓文化建设的时代性。每代学生都有独特的特点，因此，学校只有不断地提高对大学生公寓文化的认识，才能更好地建设公寓文化。大学生公寓文化建设是一个长期的过程，学校及公寓管理员要始终如一地坚持为学生服务，不能为了应付校领导的检查只做表面功夫。要引导学生形成正确的思想和行为，这就需要学校领导者和公寓管理员对大学生公寓文化建设足够重视。

## （三）用社会主义核心价值观引领公寓文化建设

社会主义核心价值观在中国整体社会价值体系中处于核心地位，发挥着主导的作用，决定着整个价值体系的基本特征和基本方向。以社会主义核心价值观引领高校学生公寓文化建设，就是充分认识和把握社会主义核心价值观的客观规律，充分尊重全体"公寓人"在学生公寓文化建设中的主体地位，立足于创新通过把社会主义核心价值观融入学生公寓文化建设的各个方面，引导和统领多样化的大学生文化思潮、文化活动和文化现象，进而确保学生公寓文化建设的整体发展方向和态势，使社会主义核心价值观随着公寓文化的传承融入全体师生的血液里。

高校要用引导学生成长成才的思路，依照社会主义核心价值观，以服务和管理推动教育活动的开展，逐步打造特色公寓文化建设。这将为大学生营造健康、和谐的良好环境，从而达到培养优秀人才的目的。

公寓文化的核心和精髓就是公寓精神文化，想要加强高校公寓文化的建设，最首要的问题就是要进行精神文化建设。高校要用社会主义核心价值观作为指引，公寓的基础设施要体现出人文关怀，营造一个比较健康和积极的人文环境。学校要懂得充分利用公寓里的每一个角落，让每一面墙都变成文化宣传的强大阵地。一定要大力弘扬社会主旋律，增强大学生对社会核心价值观的认同。例如，可以在社区设置一些宣传橱窗和板报，张贴一些宣传海报，为学生提供一些国内外新时事新热点等，让学生在潜移默化的环境中慢慢受到文化的熏陶，从而接受和认同社会主义核心价值观。

## 二、加强对公寓文化建设的物质支撑

公寓社区首先需要注重社区的硬件设施建设。在社区内栽种树木花草，设置橱窗，张贴宣传画，都能营造出良好的环境氛围。美观、整洁的环境自然能催生出健康的文化。具有艺术感的氛围能消除学生学习工作后的疲劳，增添生活与学习的乐趣，也能够陶冶情操，培养正确的审美观。环境建设无意识地使学生在潜移默化中被感染与教育，具有深刻的导向意义。

## （一）完善公寓配套设施

高校公寓硬件建设，是衡量一所高校办学水平的重要标志之一。大学生公寓文化建设中，物质文化是基础，是公寓文化建设的重要保障。应加大公寓物质文化的投入，逐步增加和完善公寓内各种现代化配套设施，加强公寓内的绿化、美化，增添文艺、体育设施。一般来说，学生公寓应具备以下基本条件：人均建筑面积不小于 7 平方米；每间公寓住宿人数不超过 6 人；每人配备床、桌、椅、壁橱等住宿设备；房间设有卫生间、盥洗室、淋浴等。

一般按公寓设施配备的不同及居住人数的多少将公寓宿舍分为六人间、四人间、二人间等。普通六人间一般都应配有：家具每人一套（包括床一张、写字台一个、衣柜一个、凳子一把），校园网络。四人间的设施配备则更齐全一些：新型多功能家具每人一套（包括床一张、写字台一个、衣柜一个、凳子一把），淋浴设施每间一套（包括淋浴房一个、淋浴喷头一个、冷热水阀门一个），洗脸池每间一套（包括洗脸盆一个、冷热水阀门一个），卫生设施每间一套（包括冲水阀一个、冲便器一个），每人吊柜一个、底柜一个、洗脸架一个，冷热水管，校园网络。两人间的设备与四人间相差无几，且多为研究生宿舍：新型多功能家具每人一套（包括床一张、写字台一个、衣柜一个、凳子一把），电话机每间一个，卫生设施每间一套（包括冲水阀一个、冲便器一个、淋浴喷头一个、洗脸盆一个），冷热水管，校园网络。此外，对于一般的新建学生宿舍应采用独立卫生间布局，采光好、通风好、前后楼互不干扰。房间、卫生间、走廊地面均采用防滑砖，卫生间墙面瓷砖到顶，阳台安装塑钢门窗及不锈钢纱窗。每个房间内新配备的双人床均应为喷塑钢架，并安装空调、电源插座、百兆宽带网接口等设施。

高校每幢公寓楼的值班室应为学生备有微波炉、免费打气筒、针线包、常用外伤药等，还应为学生提供各种急需的五金工具或维修服务。学校洗衣房应为学生提供洗涤被套、床单以及缝补、熨烫等有偿服务项目，可安装自助洗衣机，为学生洗涤衣物提供方便。每个宿舍都可设百兆宽带网端口，只要学生办理相关手续即可在宿舍上宽带网，费用低于网吧，且管理规范。每幢公寓楼都可设多功能室，安装桌椅、空调、电视机等设施，以满足学生的学习和娱乐需求。高校学生公寓及宿舍楼宇应由专人值守，实行身份查验制度。有条件的院校可在宿舍安装门禁设施，门禁系统应结合学校实际情况选择，采用机械式、电子卡式、特征识别或"校园一卡通"等方式。另外还可在各公寓设浴室、洗衣房、消防报警系统、电视监控系统、电梯等设备。

高校学生公寓的硬件环境包括公寓的环境卫生、设施配置、室内陈设、生活区体育设施的装修配置，是看得见、摸得着的真实存在。它既能满足学生学习生活的需要，又可以规范学生的行为习惯，促进学生养成良好的学习生活习惯。高校应该加大公寓建设的资金投入，改善学生公寓硬件环境设施，让住宿条件随着社会经济的发展和人民生活水平的提高而提高，尽量让每个宿舍都有卫生间有宽带网，每层楼都有开水房有浴室，每栋楼都有学生活动室、工作室，这样学生入校时就会产生一种满足感和自豪感，有利于他们更加主动地融入学校的文化氛围中。在具体建设中，要切实发挥辅导员的引导作用，教育学生自主建设，让学生自己动手美化走廊、装饰公寓，创造适合他们成长的公寓环境。这不仅能培养学生的劳动习惯，而且能促进学生的劳动热情，更加尊重自己的劳动成果，培养学生遵纪守法、爱护公物的好习惯。所以说建设好公寓的硬件环境是构建优秀公寓文化的前提和基础。

高校要不断增加投入，对公寓硬件设施设备进行改造、为学生提供优质的宜居环境。在公寓内设立自习室、读书吧、休闲室、心理咨询室、学生活动室等功能房，作为学生开展党团活动、心理辅导、公寓文化建设等的活动场所，并不断完善服务设施。完善公寓区周边配套的银行取款机、小卖部、美食城等。并不断丰富公寓内的便民服务项目，如设立公共宣传橱窗、大型储物间等配套设施，提供学生常用的针线包、五金工具、打气筒和应急药箱等物品。相关部门及时有效做好学生公寓的基础设施检查与维护、公寓门卫值班、公寓公共区域保洁等公寓服务工作，使学生公寓既有家的温馨，又有旅店的便捷。

首先，保障公寓基础性设施能够为学生提供舒适的学习生活环境和便利的公共服务，在此基础上重点加强公寓的安全设施，定期检查内部安保系统，在保证学生安全居住环境的前提下，提升大学生的安全意识和安全知识。其次，考虑学生居住时的切身需求，让公寓设施更加贴近学生需要。国外多数大学生公寓是包括学生衣、食、住、行、娱乐、社交的多功能综合性场所，成为集思想教育、生活服务和娱乐活动于一体的教育基地。相比之下，我国在学生住宿生活区的建设上更应注重体现高校以人为本的办学原则，比如在公寓楼内设置公用房，给需要晚上自习的同学设立一个自习空间，睡觉比较晚的学生可以在公寓特定区域"加班"，既可以保证晚归学生的人身安全，又避免影响他人休息，也进一步为公寓活动提供了便利的场所。最后，增加娱乐设施的投入，健身设施、电影放映室、电脑网络设备等能够丰富学生的公寓生活，也为公寓文化活动的举办提供了物质载体。完备的公寓硬件设施能够提升学生在生活、学习中的幸福指数，增加的人性化设计更能够满足学生把公寓当成另一个家的心情，让公寓文化更好地发挥润物细无声的育人功能。

## （二）完善公寓网络平台

网络已成为现代大学生日常生活中不可或缺的一部分，大学生公寓文化建设要充分利用好这一资源。一方面，利用论坛、微博、微信、QQ等网络交流工具发布消息，能够让学生及时了解到公寓的动态，拉近与学生的距离，从而更加充分、全面地听取学生的意见和建议，集思广益。另一方面，以网络为载体，宣传公寓文化活动，吸引学生积极参与。与传统的宣传手段相比，网络的传播力量和速度是惊人的，具有高效率、高回报的特点。将公寓的消息放到网络中，学生能够时刻关注到公寓的动态，不会遗漏丰富多彩的公寓活动和重要消息。网络还能够帮助大学生跨公寓、跨院系交朋友，促进校园和谐。加强网络平台建设，让大学生公寓文化建设更加现代化、多元化，拓展公寓文化建设的内容，发挥学生的主观能动性。

### 1. 增强学生公寓进网络的政治意识，加强对大学生公寓进网络的领导

一是高度重视并认真研究网络对大学生的思想观念、价值观念、道德法律观念、生活方式和身心健康等方面的影响，充分运用网络技术开展学生思想政治工作。用马克思主义占领高校网络的思想文化阵地，使学生在享受因特网传播信息便利、快捷的同时，增强政治敏锐性和政治鉴别力，提高抵御错误思潮和不良信息影响的能力。二是要建立健全大学生公寓进网络领导小组，加强对

学生公寓进网络的领导、协调、检查和监督。指定一名领导负责落实本学院思想政治工作进网络的各项具体任务。要把学生思想政治工作进网络纳入校园网络建设总体规划，确保学生思想政治工作网络平台的建立，丰富网上正面教育的资源，服务于学生成长成才的需要，用正确、积极和健康的思想文化占领网络阵地。

## 2. 建立公寓网络思想政治教育队伍

高校要以专职辅导员、学生干部、学生党员、楼层管理员为主建设一支网络思想政治教育工作队伍。要统筹组织各方面的力量，建设一支由政工干部、"两课"教师、班主任、有关部门与单位的人员等组成的网络思想政治工作队伍，安排网络辅导员，实行轮流值班制，与学生进行网上交流，帮助解决学生的思想问题，并及时反馈情况。要进一步加强政工干部计算机与网络知识培训，为他们提供熟悉和使用网络的条件，以便在网上了解师生思想情况，及时进行正确引导。建立专门思想政治教育网站和学生社团网站，建立一支稳定的网络信息员，加强对网络信息的收集、分析管理。对有益的信息要加强宣传、扩大影响，使更多的学生从中受益，对有害信息要及时删除。

## 3. 建立网络道德规范，加强网络道德教育

网络道德是一个新的道德领域。大学生网络道德问题尤其需要我们去注意，由于网络具有隐蔽性，网络空间中存在的是各类信息而非具备人格身份的人，这充分满足了人们自我保护的意识需要，激发了信息的自由流通，也比较容易引起部分学生产生不良侥幸心理，例如部分学生将自身完全置身于虚拟性的网络世界中，并利用网络的虚拟性和非直观性充分向网友展现心理的阴暗面，发表一些违法言论甚至做一些与现实道德法律完全相悖的事，以满足自己的好奇心等。因此多形式、多途径地对广大学生进行网络道德素质教育就显得相当重要和迫切，通过教育，使学生懂得网络世界也是自由与责任相统一的世界，也是一个有着道德规范的世界。另外一方面，积极开展网络法制、网络责任、安全教育也是当务之急，通过各种形式，增加学生上网的法制意识、责任意识、政治意识、自律意识和安全意识，培养健全人格和高尚情操、树立良好的网络道德，自觉构筑抵制不良冲击的"防火墙"。

### 4. 构建健全的网络公寓，发展和谐公寓文化、校园文化进公寓

高校要把校园文化活动延伸到网络公寓，加强公寓文化阵地的建设，用健康向上、丰富多彩的文化占领网络公寓的文化阵地，丰富学生的文化生活，拓展学生课余文化生活的空间，提高学生的综合素质。要加强公寓网络文化的管理，倡导学生在网上参与健康向上的文化活动。同时建立健全学生公寓组织，充分发挥学生公寓组织的作用，实现网络公寓学生自我管理，并明确学生公寓组织的重要地位与工作职责，以学生公寓组织为切入点，加强学生自律和诚信教育，同时积极发挥楼层专职管理员的管理作用，通过这些与同学朝夕相处的人员实现学生管理、学生监督。

### 5. 采取多种形式，引导大学生使用网络

一是要建立和完善包括公寓网络建设机制。所有公寓宿舍都不能绕过公寓局域网主机，以其他方式连接校园网和互联网，对 BBS 要实施实名注册制和版主责任制，要通过技术的应用和管理的制度化控制学生上网的时间和流量及浏览内容，防止学生沉迷于网络，或因通宵上网干扰了其他人的正常学习和生活。二是利用公寓网络建设和管理机会改进社会化公寓条件下学生思想政治教育的机制，探索利用网络等媒体加强学生思想政治教育的有效途径，以培养学生胸怀祖国、居安思危的良好情操为目标，加强进取精神与诚信友爱教育。三是建立互联网信息安全审查制度，对那些有害信息一定要及时清除，确保网络信息健康，要从管理角度入手牢牢把握校园网和相关网络服务的服务性和教育性，同时学校要加大对学生公寓网络建设的力度，为学生提供良好的网络活动空间，只有用丰富有益的信息资源占领学生公寓网络阵地，才能使公寓网络成为学生学习生活的有益场所。四是加强校园公寓文化建设和学生网络心理健康教育，特别就如何正确面对待网络游戏和有害信息等问题开展研究，建立健康有序的网络秩序，让教师掌握学生心理状态，把握正确导向，坚持用主流价值观、人生观、世界观教育学生，因势利导开展有针对性的网络教育工作。

## （三）加强公寓物业管理

苏霍姆林斯基曾说："教育，如果没有美，没有艺术，那么是不可思议

的。"大学生公寓整体观感给学生的第一印象十分重要，大概率决定了公寓在学生之后生活中的定位，公寓的文化环境潜移默化地给学生的审美情趣和道德情操等带来积极的教育作用，也能直接反映出该高校的办学水平，决定着学生对于学校的认可程度。

在大学生公寓文化建设工作中，高校应当注重增强公寓物质环境的文化品位和艺术含量，公寓大楼的建筑风格、楼宇命名、卫生状况等都是提升公寓物质文化不可忽视的部分。高校需注重公寓的人文景观建设，延续历史建筑，保留有人文特色的建筑物，提升公寓整体格局和文化氛围，打出彰显自己公寓文化特色的"名片"，比如举世闻名的普林斯顿大学学生公寓的布莱尔拱门让人印象深刻，成了学校地标性建筑之一；北京大学把学生公寓命名为"燕窝"，虽然命名仅仅是公寓文化的冰山之一角，但这小小的一角就已经让我们感受到传统文化的魅力，有效提升了公寓文化的育人作用。

一是加强物业管理员工的素质培育。高校后勤集团要对新进员工和在岗员工进行入职培训、在岗培训、轮训，使员工在各方面不断适应和满足学生的需求。借鉴物管企业的培训机制和经验，结合实际，可采取以会代训、短期在岗培训等方式，边干、边学、边提高。针对不同的工作岗位和工作事项，利用多媒体案例培训手段，使受培训人员印象深、易理解。培训内容除了学习规章制度专业技能外，还要学习诸如高校教育管理学、心理学及公共关系学等基础知识和实用技巧，使他们在提高工作技能的同时，去除传统的粗放型房管所管理方式（以管理者为核心，以单纯的卡、堵方式为手段），代之以"管理即服务"等先进理念并贯穿于工作全过程，充分体现对学生的爱心、关心、责任心。不断强化超前、主动服务意识，坚持制度化、规范化服务和诚信服务。同时让他们了解服务对象——公寓"居民"（在读大学生）的特点，行动规律，处理问题的方式、方法等，使他们认识到不调动学生参与管理的积极性，工作不可能有的放矢，也无法适应和满足学生不断变化的新需求，就不可能真正管好公寓。

二是要规范化、制度化管理。目前高校物业管理的标准往往是根据过去宿管经验来制订的，存在不少缺陷。借鉴物业行业的质量体系标准，针对学生的特点，根据规范化、制度化、科学化的质量管理和监控目标，编写相应的管理规范、操作制度和作业规程，建立健全公寓管理制度，落实岗位责任制，是高校公寓管理的基础和保障。质量目标需突出以学生满意率为核心,如满意率不低于80%,投诉率不高于5%,重大事故为零,有效投诉处理满意率达到95%;又如维修目标做到小修不过夜,大修三天内,急修即到。员工形象和精神面貌是物业管理公司综合管理水平的鲜明体现,公寓管理部门是学校的一个"窗口"。上岗时应穿着统一制服,佩戴胸卡,学生下课人多时站岗微笑服务,使学生产生管理人员训练有素、管理服务规范的良好印象。公寓管理人员在值班室张贴本人照片、姓名和职责,写明联系方式,便于学生监督。优秀员工、星级员工照片可挂于明显位置,增强荣誉感。安全是高校公寓管理的重中之重,借鉴上海市物业管理区域重大事件报告制度和上海市房地资源系统专项应急预案,建立公寓突发灾害事件四级报警(红、橙、黄、蓝)、分级管理、快速处置、越级报告和四级响应机制(校部、分管部门、物业管理处、公寓值班室),完善高校宿管的预警和应急机制,把人和物的损失及对校园和社会影响降低到最低。

三是人性化管理,亲情化服务。人性化管理已深入到现代物管企业文化中。借鉴现代物管企业文化中把"客户"看作上帝的理念,高校管理人员既要满足公寓公共服务,又要不断改善为学生的个性服务。在公寓管理与服务中,将约束性管理与人性化服务相结合并落实到日常管理中。在公寓门口每日有天气提示牌,遇天气变化或季节交替时要特别提醒;值班室放置便民箱,提供打气筒、针线、急救箱等;提供帮助留言和领取信件报刊等服务,有失物招领提示。独生子女远离家人父母有孤独感,特别是新生生日时有浓烈的思乡之情,可开设生日屋。学生受伤因病行动不便,可代买饭菜送上门和代为煎药。在特殊时期如迎新入住、开学、复习备考、节假日、毕业离校、寒暑假,适当延长用电时间。在楼道、公寓门口,增设让学生容易接受的有关安全卫生文明的标语、标识、标牌、宣传画等。公寓门厅设置阅报栏,让学生及时了解国内外时事和校内新闻,使他们关心国家大事,关注学校事业发展。与学生发生摩擦时,管理人员注意礼貌用语,要晓之以理、动之以情。晚归学生除要登记外,也要用温和的言语提醒和规劝,提醒他们注意晚上夜归安全和可能影响其他同学正常休息。在检查卫生、安全和维修时,若房间没人要注意学生的隐私权,不能随意翻动学生的物品。

## （四）加强公寓硬件更新

由于当前学校管理层对于大学生公寓文化的重要性存在误区，公寓出现对硬件设施更新不够重视、资金投入不足等问题。作为高校的管理人员，首先应当转变观念，提升自身对于大学生公寓文化的认知，充分意识到公寓物质文化基础在推进大学生教育中发挥的重要作用，加强在公寓物质文化上精力与资金的投入。其次，保障公寓基础性设施能够为学生提供舒适的学习生活环境和便利的公共服务，在此基础上重点加强公寓的安全设施，定期检查内部安保系统，在保证学生安全居住环境的前提下，提升大学生的安全意识和安全知识。最后，考虑学生居住时的切身需求，让公寓设施更加贴近学生需要。

# 三、完善公寓文化建设的制度机制

在文化的建设与初步发展中，学生难免会出现不同的问题。为了避免这一类问题的出现，高校应引导学生走向自律、自我调节，同时需要有一定的规章与制度作为约束。制度应该明确地将目标指向公寓管理的各方面，如宿舍卫生检查，住宿管理与秩序。如此才能营造安定的公寓氛围，创造安全、洁净的公寓社区，建设健康、高雅的公寓文化。

## （一）加强公寓管理员队伍建设

### 1. 加强管理员队伍建设的必要性

大学生是宝贵的人才资源，是民族的希望、祖国的未来。大学时期是人生成长的关键时期，高校学生公寓的管理和服务只有以人为本，贴近学生实际，深入学生生活，才会发现学生所想，了解学生所需，有针对性地做好工作，才能提高工作的实效性、吸引力和感染力，引导和帮助大学生全面发展，健康成长，为培养大批合格建设者和可靠接班人提供有力保障，充分发挥管理育人、服务育人、环境育人的作用，构建和谐的公寓环境。

积极开展宿舍文化建设，使学生在宿舍文化中得到启迪和教育，需要高素质的管理人员。因此，管理者要学会科学地管理宿舍，热爱学生，视学生为朋友，成为学生的良师益友；他们要懂得教育心理学，知道不同年级学生的心理发展需要，开展不同类型的文化活动；要懂得管理心理学，及时了解并掌握各种信息，使管理工作的主体与客体能主动地相互转化，相互激励，共同做好管理工作；要懂得管理哲学，使有形的资产能产生出更大的社会效益和经济效益，让经济效益更好地为开展宿舍文化提供物质基础。

### 2. 提高公寓管理人员的服务意识

高校学生公寓管理员是学生公寓的直接管理者，是学生接触最多的管理人员之一，其一言一行、一举一动莫不对学生起到潜移默化的作用。对管理员进行科学管理、严格考核，不断提高管理员素质，是建设一支高素质管理员队伍的必然要求。随着高校后勤社会化改革的深入，学生公寓管理的服务要求进一步提高。公寓管理员的服务对象是受高等教育的青年学生，能否满足他们的服务需求，成为公寓管理的首要任务。但服务工作能否落到实处也很重要。怎样落到实处，切实发挥服务育人的管理功能呢？这就要求学校管理队伍不仅要心怀一颗仁爱之心，而且要有一定的思想认识，具备一定的素质水平，更要具备一种强烈的服务意识。在工作当中要从学生的角度出发，真心地关怀每一位学生，达到在服务工作当中培养和教育学生的目的。

### 3. 提高公寓管理员的工作能力和水平

高校要提高管理员的素质，必须对管理员进行定期和不定期的系统性、规范性培训。通过邀请专家讲座、现场实地演练、图书视频资料培训等方式，在公寓安全管理、应急事件处理、学生思想政治教育、固定资产管理等方面进行针对性培训。通过培训，使管理员掌握必要的工作程序、一定的工作技巧和方法，知道如何应对突发事件，学会如何做好学生的管理和服务工作，提高管理与服务意识，提升服务水平，规范管理行为，提高工作能力，真正建立起一支能吃苦、讲奉献、会管理、懂得大学生心理、有敬业精神、有服务意识的公寓管理队伍。培训要有针对性，对新进员工和老员工培训重点要有区别。对新进员工要进行全面的系统性培训，对老员工要进行业务提高培训，针对工作中的薄弱环节做重点培训。同时，要保证培训经费，相关部门要拨出专门的员工培训经费。

### 4. 重视管理员队伍的配备

高校在管理员的聘任工作中，要严格把关，在公开、公平、竞争、择优的选聘、竞聘原则下，制定出聘任的基本条件。要聘任思想素质好、热爱学生教育管理工作、责任心强、工作踏实、具有较强的沟通能力、具有一定学历和组织管理能力的人员担任管理员，要注重提高整个管理员队伍的学历和素质水平，要优化管理员队伍的年龄结构。

### 5. 健全奖惩激励机制

学生公寓管理员工作任务重、难度大，需要投入大量的时间和精力才能做好。如何更加有效地调动管理员的主动性、创造性和积极性，对加强管理员队伍建设十分重要。心理学家在研究中发现，同样一个人，在通过充分激励后所发挥的作用相当于激励前的 3~4 倍。因此，必须充分认识到实施正确的奖惩激励机制的重要作用，下大力气完善适合管理员队伍特点的激励机制，包括奖励的原则、范围、条件、标准，奖励的种类、方式、程序等，使管理员能以此作为努力目标，充分发挥自己的聪明才智；同时，惩戒的范围、条件、形式等也要有明确规定，这也是激励机制的一个重要组成部分。明确工作职责，提高管理、服务水平，做到任务到岗、责任到人，实行目标责任制管理，由公寓管理中心对管理员进行日常检查，找出差距，采取措施，月末、季末、年终分别进行总结、考核，针对管理员目标完成情况进行奖惩。

### 6. 建立规范的用工模式

目前，很多高校学生公寓管理员都采用临时聘任形式，流动性大，队伍不稳定，管理难度大，缺乏规范的劳动用工。这一方面阻碍了管理员的工作积极性，增加了公寓管理的难度；另一方面出现纠纷时，双方的合法权益很难保证。高校必须改革目前的管理员用工模式，建立以劳动合同为核心、以考核奖惩为重点的规范用工制度。

总之，在当前形势下，只有把管理员队伍建设作为高校学生公寓管理的一项重要任务来抓，建立一支高质量、有高度责任感的学生公寓管理员队伍，以适应高校学生公寓管理的新形势、新挑战，才能真正提高公寓管理水平，将思想政治教育真正推进到学生公寓管理中，为学生的成长成才服务。

## （二）优化公寓文化建设管理体系

　　大学生公寓文化建设的管理组织是一个多层次、多角度的系统，应由主管校领导领导下的学生公寓文化建设领导小组、管理职能部门和院（系）组成，以校和院（系）两级组织机构为主。但是，从管理学的角度看，公寓文化建设的管理组织是三级管理层次，即校、院（系）、学生组织，虽然学生组织不是行政机构，但从公寓文化建设的实际出发，它是组织管理系统中不可缺少的一环。

　　制度是一把双刃剑，制定制度的初衷往往为管理者方便管理，目的是把人、财、物的作用发挥到最大化，同时把风险降到最低。它更多的是具有约束属性，明确什么该干，什么不该干。当然，除约束属性外，还有其他属性，如导向属性和激励属性。有制度方便了管理，但处理不好就会扼杀一个团队的创造性思维。当然，一些特别的学习工作环境，没有严厉的制度是行不通的，如考试制度。在公寓文化建设中，如果过度强化制度的约束作用，不光制约了创新思想的启迪与发挥，更重要的是这样对大学生的价值观的形成作用并不大。众所周知，靠强迫改变人的思想的行为往往是低级的、愚蠢的，甚至有时可能会起反作用。根据文化建设的特殊性，高校在制定与公寓文化建设有关的制度时，应重点挖掘它的导向属性和激励属性，降低它的约束属性。比如，在制定公寓学生管理委员会制度时，条文中有明确的激励学生加入该委员会的内容，并未提及退出或不加入会有什么不利影响；对委员会的管理方面，要求成员之间要团结协作，并未提出具体的处罚措施。这个看似不全面的制度，其实完全是导向和激励。但是，委员会的成员如果不按它的要求做，所从事的工作就得不到想要的结果。按此制度执行，收效过程漫长，但却能入心入脑，通过事实告诉学生，具有团队精神，团结协作是多么重要。

　　要开展公寓文化建设活动就要制定相关制度。在制定制度时，基本上以学生为主，老师只起到辅助作用，当好顾问和参谋。其目的是激发学生的主人翁责任感，培养学生的自主性和创新精神。总之，让制度的制定过程成为培养学生交流体会、锻炼能力、担当责任、创新协作的第二课堂。

### 1. 学校统一管理

什么是管理? 管理是管理人员领导和组织人们去完成一定的任务和实现共同目标的一种活动。大学生公寓文化建设领导小组要发挥在公寓文化建设中的决策、规划、执行、监督、评估、反馈和激励等作用,协调各管理组织各司其职,相互协调,从而共同推进公寓文化建设。

要加强公寓文化建设的组织领导。在校党委统一领导下,把公寓文化建设领导小组纳入校园文化建设委员会,领导制定、统筹规划大学生公寓文化建设,组长由主管校党政领导担任,成员由学校相关部门、单位负责人组成,实行统一管理,分工协作。领导小组下设办公室,办公室主任由学生处处长担任,成立学生公寓管理中心,隶属学生处,学生公寓管理中心主任由学生处副处长担任,负责公寓文化建设工作的协调、组织实施以及学生事务工作,定期与学生组织或代表座谈,研究和解决学生提出的要求和问题。另外,充分发挥党团组织和有关学生社团在公寓文化建设中的重要作用,推进公寓文化建设深入发展。这种直线型组织机构形式,是自上而下的垂直领导,有利于工作队伍建设的精干和工作效率的提高,有利于全校上下齐抓共管和全员参与。完善公寓文化建设的保障机制。将公寓文化建设纳入校园文化的总体规划中,使之与校园文化总体统筹相适应。按照校园文化建设的规划,公寓文化建设每年制定具体的实施计划,把公寓文化建设经费纳入学校预算,在人、财、物等方面加大投入,不断完善公寓文化建设的政策和措施,切实解决公寓文化建设过程中遇到的实际问题和困难,确保公寓文化建设的各项工作顺利开展。加强对公寓文化建设的制度管理。健全公寓文化建设的各项管理规章制度,以加强对各类文化活动的管理,尤其加强校园网络文化管理,坚决抵制各种有害文化和腐朽生活方式对大学生的侵蚀和影响。另外,加强对大学生组织特别是大学生社团的领导和管理,帮助学生社团选聘指导教师,支持和引导学生社团自主开展活动,发挥其在公寓文化建设中的作用。强化公寓文化建设的监督检查。监督检查工作的出发点和落脚点是抓落实,是促进公寓文化建设的有力手段,也是推动作风转变的必然要求。校园文化建设委员会负责指导,公寓文化建设领导小组具体负责公寓文化建设的检查落实工作,要广泛听取各部门实施公寓文化建设规划进展情况的汇报,同时,公寓文化建设领导小组办公室要充分发挥组织、协调、指导和监督作用，确保公寓文化建设的顺利实施。

要严格公寓文化建设的考核激励。建立学校、院（系）和学生组织三级管理体系，形成一套有计划、有目标、有实施、有监督、有考核、有激励的目标实施、考评制度和激励机制，把公寓文化建设纳入工作考评体系，把单位和个人在公寓文化建设中的表现情况作为考核、评先表彰的重要内容，调动师生员工的积极性、主动性和创造性，从而提升工作的执行力、竞争力和创造力。

### 2. 职能部门具体管理

大学生公寓文化建设的具体管理部门是公寓文化建设规划、协调和执行的重要部门，也是决定着公寓文化建设是否落实到位或成功与否的重要部门。健全体制，全面提升公寓文化建设的管理水平。随着教育形势的不断变化，公寓文化的功能日益完善，呈现出新的特点，公寓不再单纯是学生休息的场所，也是知识和信息传递的重要场所。公寓园区内是一个知识密集和思想敏锐的群体，不同的学说、思潮和观念在这里交汇，使得公寓成为学生与学生之间、学生与学校之间相互影响，相互熏陶的媒介。因此，在学生公寓管理中，高校必须加强公寓文化的管理体制建设，全面提高公寓文化建设的管理水平。在学生处学生公寓管理中心的具体组织实施下，成立以公寓楼栋为单位的党支部、公寓团委，以楼层为单位组建的党小组、团支部，成立大学生公寓自律委员会，形成金字塔型的组织结构，从而提供强有力的组织保障。强化队伍，全面提升公寓文化建设的质量。建立公寓文化管理队伍建设的长效机制，从干部管理、选拔、培养、使用等环节入手，按照"同住、知情、关心、引导"的方针推进实施辅导员入住公寓，营造高素质辅导员安心从事学生公寓管理和公寓文化建设，形成全校上下关心支持公寓文化建设工作的良好氛围。同时，要切实加强公寓辅导员队伍建设，通过管理、教育和培训，帮助他们提高政治思想素质和业务服务水平，充分调动公寓辅导员的工作积极性，推动公寓文化建设的不断创新。而且要从政治上、工作上、生活上关心公寓员工，使公寓员工能爱公寓如爱家，全心全意为学生做好服务工作。另外，要切实加强学生骨干队伍建设，注重学生骨干的选拔、培养和使用，充分发挥典型示范作用，形成学生党员带学生干部、学生干部带宿舍长、宿舍长带宿舍学生，各宿舍学生影响全体学生的工作格局，有力促进公寓文化的形成、繁荣和发展，从而促进学生健康成才。坚持原则，整体规划逐步推进公寓文化建设。在公寓文化建设过程中，要紧密结合实际，坚持历史传承与发展创新相结合、坚持科学精神与人文关怀相融合、坚持共性文化与个性文化相协调、坚持先进性要求与广泛性要求相统一等，弘扬主旋律，突出高品位。同时，在符合校园文化形象标识的情况下，完善公寓文化形象标识的开发、推广和使用。另外，搞好公寓文化产品的开发利用，定期编印介绍公寓文化的宣传品，加大对外宣传公寓文化的力度，吸引公众注意力，以提升公寓的文化影响力。

总之，通过整体规划，高校要努力把学生公寓打造成大学生的生活家园、育人课堂、实践基地、文化会馆，形成理念先进、风尚优良、审美情趣高雅、文化生活丰富、富有创新活力的学生公寓文化，从而不断增强公寓文化的凝聚力、创新力和竞争力，树立良好的社会形象。

### 3. 二级院系积极管理

二级院系积极管理是大学生公寓文化建设的有力补充，二级院系是辅助具体管理部门进行公寓文化建设的得力助手。

二级学院要统一思想，提高认识。院系领导干部要科学分析和正确理解公寓文化在校园文化、人才培养等方面的重要意义，对当前公寓文化存在的问题、面临的形势要有准确判断和清晰认识，并深刻认识到公寓文化建设的必要性和重要性，把政策给学生讲透、讲清、讲明，增强大学生对公寓文化的认同感，进而推进公寓文化建设的深入开展。院系辅导员要全面理解和准确把握公寓文化建设的目标任务，要看到公寓文化建设是校园文化建设的必然趋势，是学生健康发展的必然要求，切实增强责任感和使命感，在公寓文化育人的作用下，让学生人人受益、时时受益、处处受益。总之，通过教育，使大学生在思想上达成共识、行动上步调一致，增强公寓文化建设的积极性、主动性和创造性，使公寓文化建设工作得到提升，从而实现公寓文化的创新和超越。抓好学风，凸显个性。除重点把握大学生思想政治教育外，院（系）关键要抓好专业学习，浓郁学生的学习风气。抓好入学教育，树立正确学习观念。注重通过文化活动让大学生从长期应试教育形成的学习观念、学习方法中摆脱出来，实现由封闭式向开放式转变、由督促为主向自觉为主转变等。

二级学院要加强创新教育，倡导浓郁学习之风。科技创新活动是浓郁学风的重要载体，可以发展认知兴趣、激发求知欲望，巩固和加深对知识的理解和运用，加快大学生的成长和进步。大师谈学风，营造浓厚学术氛围。注重邀请知名教授、学者与学生分享为人为学的道理，通过大师严谨的学术态度、治学精神和人格魅力来影响学生、感染学生。开展廉洁教育，培养学生诚信意识。注重开展廉洁教育，加强法治、社会公德、职业道德和传统美德教育，引导学生诚实守信、遵守校规校纪，培养大学生的道德自律意识和良好潜质。

二级学院要加强目标教育，引导学生做好人生规划。英国著名的哲学家怀特海认为："在中学阶段，学生伏案学习：在大学里，他需要站起来，四面观望。"因此，应注重学生的生涯规划，培养学生的目标意识，引导学生树立正确的学习习惯和职业目标，从而促进学生全面发展。由于各院系的学科和专业差异性非常明显，在学科和专业背景熏陶下，不同院系的学生自然而然养成不同的秉性和行为风格，就必定反映和体现院系的学科和专业的特色，而院系之间学生的差异性、独特性也必定产生独特的个性文化，对学生公寓文化起着丰富和繁荣的作用。

### 4. 学生组织管理

公寓学生组织是公寓文化建设重要的基层组织，大学生在自主参与公寓文化活动的过程中，可以通过学生组织进行交流、对话，推动形成大学生自己的协商机制和交流机制，形成一个理性、民主、平等、开放、多元的大学生交流平台，从而激发大学生公寓文化建设的活力。因此，高校公寓学生组织是职能管理部门在公寓文化建设中的有益补充。

高校要强化公寓自律委的职能，增强学生公寓文化管理。大学生公寓自律委员会在公寓管理中心的指导下，以"团结友爱、文明自律、乐于奉献、开拓创新"为宗旨，以"自我教育、自我管理、自我约束、自我监督、自我服务、自我提升"为理念，以"组织活动为载体，教育引导为目的"为指导思想，以"引导同学、服务同学、树立形象、共同进步"为目的，充分发挥大学生在学生公寓管理和公寓文化建设中的重要作用，贯彻执行学校、公寓的各项制度，创建"健康、文明、高雅、和谐"的公寓学习生活环境氛围，培养学生自我管理和社会工作能力，确保学生公寓文化建设的稳步发展。

高校要加强党团组织作用发挥，强化学生公寓文化建设。大学生公寓不仅是学生学习、生活和交流思想的重要场所，也是大学生提高能力和完善人格的重要空间，更是大学生思想政治教育的重要阵地。高校后勤社会化和学分制的全面实施，使大学生学习的分散性、生活的流动性变大，因此，强化公寓党团组织建设及作用发挥对公寓文化建设具有重要作用。探索公寓党团组织建设，发挥党支部的战斗堡垒作用、党员的先锋模范作用，发挥团支部组织青年、引导青年、服务青年、维护青年权益的作用，促进同学之间在思想上互相启发、行为上互相监督、学习上互相帮助、生活上互相关心，增强学生党团组织的凝聚力、号召力和向心力，把大学生公寓建成大学生沟通思想、交流感情、增进友谊的温馨家园和学习休闲、陶冶情操、促进成才的重要平台，更好地提高大学生的思想道德素质、身体心理素质、科学文化素质、专业综合素质等，从而促进学生的进步成长。

拓展学生社团组织载体，丰富学生公寓文化内容。大学生社团具有管理方式的宽泛性、组织形式的自发性、学生规模的无限性、群体目标的统一性、社团成员的广泛性、社团活动的多样性、活动场地的灵活性以及行为规范的自律性等特点，对学生创新意识的提高、创新精神的培养、创新思维的训练以及创新文化的塑造等具有重要作用，其在公寓文化中的影响力也日益彰显。根据大学生的特点和需求，开展丰富多彩的社团文化活动，吸引大学生积极参与。社团组织的活动能为广大学生搭建展示才华的舞台，增强学生的责任心和自信心，培养学生的竞争意识和协作能力，促进学生的身心健康。同时，社团组织的活动也能为公寓文化建设带来生机和活力，增强公寓文化建设的时效性和针对性，变"一人服务千百人"为"千百人共管一个家"，从而促进公寓文化多渠道、深层次、高质量的繁荣和发展。

## （三）建立公寓文化建设的评估机制

### 1. 建立公寓文化建设评估机制的重要意义

在中华民族迈向伟大复兴的中国梦的征程上，面对激烈的国际竞争、严峻的宗教渗透、无孔不入的西方敌对势力等形势，文化越来越成为民族凝聚力和创造力的重要源泉，越来越成为综合国力竞争的重要因素，越来越成为引领社会发展的重要使命，越来越成为高等教育发展的重要支撑，越来越成为培养学生成长的重要阵地。在中华民族迈向伟大复兴的中国梦的征程上，作为继承、传播和创造先进文化的重要场所，校园文化责任重大、任务艰巨、使命光荣。校园文化既是社会文化的重要组成部分，又是高等教育的重要内容，还是社会文化发展的重要航标，引领着社会文化的发展趋势，激励着高校的思想文化产品丰硕，影响着社会的政治、经济、思想、文化的发展，影响着社会主义文化的发展水平。中共中央、国务院要求：要把大学生思想政治教育工作作为对高等学校办学质量和水平评估考核的重要指标，纳入高等学校党的建设和教育教学评估体系。大学生公寓文化是校园文化的重要组成部分，是高校贯彻党和国家先进文化建设丰富、繁荣和发展的着力点，是大学生思想政治教育的重要载体，发挥着重要的育人功能。同时，公寓文化影响着校园文化的形成，而校园文化引领着社会文化的发展，因此，大学生公寓文化直接关系着积极健康向上的先进文化的形成。所以，高校要加强大学生公寓文化建设评估。

评估是促进建设的重要手段，是改进工作的重要环节，是促进齐抓共管的有力推手。高校公寓文化建设评估的目的是建设，建设的目的是提升公寓文化品位，是增强公寓文化凝聚力和感召力，是激发公寓文化建设的内聚力和外推力。通过公寓文化建设评估，统一思想，提高认识，促进公寓文化建设健康持续发展。

### 2. 公寓文化建设评估的内容

大学生公寓文化建设的评估是一项复杂工程，涉及的内容大致有以下几个方面。

公寓体制机制的评估。大学生公寓文化建设体的体制机制是公寓文化建设得以顺利实施的重要枢纽，其中，领导体制作为公寓文化建设的顶层设计是推动工作的有力保障，工作机制是公寓文化建设计划顺畅运行的关键。体制机制的评估主要包括是否坚持社会主义办学方向，是否以"立德树人"为根本任务，是否把学生公寓文化建设列入学校重点工作计划，各项工作是否落实到位；学生公寓文化建设领导小组、学生公寓管理中心、学生公寓党支部、学生健康服务中心、学生心理咨询中心、学生公寓自律委员会、学生公寓团支部、学生就业指导服务中心、学生资助管理中心、学生生活学习辅导中心等是否健全，各自职责是否明确，协同机制是否到位，另外，学生公寓文化建设的发展规划、激励机制、监督机制及各项规章制度是否科学完善，监督落实是否到位等。

公寓队伍建设的评估。队伍建设是公寓文化建设有效实施的重要力量，是贯彻公寓文化建设发展规划的重要支撑，是公寓文化建设中各项工作的组织者、协调者和执行者，在公寓文化建设中发挥着无可替代的作用。公寓队伍建设的评估主要包括公寓文化建设领导干部、公寓辅导员、学生党员、学生干部、学生团员等，主要看人员编制是否到位，知识、年龄、学历等结构是否合理，师生比是否科学；是否按照评估体系标准配备公寓辅导员，辅导员的待遇是否按照《普通高等学校辅导员队伍建设规定》实现专业技术职务单列指标、单设标准、单独评定，是否实施辅导员职级制度；是否注重公寓文化建设队伍的校内外培训、交流考察等措施；是否具备辅导员职业资格证、心理咨询师等级证、职业指导师证等；是否注重学生骨干的选拔、培养和使用，作用发挥是否有效等。

公寓经费的评估。经费是公寓文化建设顺利实施的重要保证。公寓文化建设如果经费落实不到位，所有的规划、设想只能停留在文件上。因此，公寓经费的评估主要看公寓文化建设经费和文化活动经费是否按照学生人数列入专项预算，公寓辅导员的专项补贴是否列入专项经费，同时，查看校长办公会签批的预算文件和经费支出明细或转账清单，具体落实经费支持情况。

公寓基础环境的评估。公寓基础环境的主要包括公寓楼构造、宿舍房间布局和设施、卫生条件，如洗衣机、网线、洗手间、书柜、衣柜、空调等；公寓园区景观设施、活动场地、人文气息等，如健康服务中心、学生心理咨询中心、学生资助管理中心、学习辅导中心、就业服务中心等体现人文关怀的组织和场所。公寓基础环境的评估主要查看基础设施是否完善，整体布局是否合理，环境规划是否科学，文化主题是否鲜明，文化个性是否突出，景观、雕塑、草木、山水是否与公寓文化底蕴相匹配等。

公寓制度建设的评估。公寓文化制度建设是制定制度、执行制度、检验制度、完善制度的过程，是促进公寓文化建设水平不断提升的过程，到达一定阶段后，形成浓厚的文化氛围，实现从公寓文化到文化公寓的转变。公寓制度建设的评估主要查看公寓文化建设发展规划、学校专项会议纪要、学生公寓文化建设专项计划实施细则；查看公寓管理人员、公寓辅导员和学生日常行为规范等相关制度或规定。

公寓文化载体的评估。公寓文化载体是公寓文化建设的重要途径，是指以公寓各种组织、活动、设施、标识以及精神的形式承载、传播、弘扬公寓文化的工具，它是公寓文化得以形成与扩散的重要途径。公寓文化载体的评估主要考察以下几个内容：组织载体，包括正式或非正式的组织以及公寓师生员工；文化设施，包括文化教育设施、文化活动场地、体育娱乐设施、身心健康设施、就业服务设施等；文化活动，包括文娱体育、科技竞赛、诗歌朗诵、歌咏比赛、社团文化节、公寓文化节、创业活动、社会实践、志愿服务、公益活动、文明宿舍评比、知识性和趣味性活动等；文化媒介体，包括校训、校歌、校徽、校服、公寓标识、广播、电视、报纸、网络等。当然，公寓文化建设也有外部载体，如学校周围的地理环境、人文环境、治安环境等，但是外部载体不在大学生公寓文化建设评估的范围内。

公寓文化效果的评估。公寓文化效果是检验公寓文化建设成效的重要标志。其表现形式很多，文化效果的评估主要是显性效果和隐性效果。显性效果主要表现在学生的政治素质高、信仰追求坚、学习能力强、知识结构优、就业去向好，社会评价高等。隐性效果主要表现在学生的责任感和使命感强，有治学态度、创新精神、协作意识，心理健康、人格健全以及能充分发挥导向、激励、凝聚作用等。另外，公寓环境文化效果体现人文关怀、个性服务、学生特点，体现人与自然的和谐统一等。

### 3. 公寓文化建设评估的方法

高校要将自身评估和上级评估相结合。大学生公寓文化建设评估要坚持上级评估和自身评估相结合，增强评估的联动性和互动性，充分调动上级主管部门和高校自身的工作积极性和主动性。上级评估是根据评估指标体系的要求和时间安排，专家组站在较高的视野、全局的层面、不同的视角进行有组织、有计划、有目的、有步骤地从组织领导、体制机制、规划决策、队伍建设、基础设施、经费支持、文化途径、文化载体、文化氛围等进行全面系统的评估，主要审视领导对公寓文化建设的重视程度以及公寓管理人员的工作状态和精神面貌，查看工作运行是否顺畅、文化建设是否具有前瞻性以及公寓文化建设的效果对大学生的教育和培养起到什么样的引领和熏陶作用等。自我评估是高校根据上级主管部门制定的评估体系标准，组织内部相关专家，按照指标体系结合学校的总体规划和决策部署对公寓文化建设进行逐一检验，同时，通过多种途径搜集关于公寓文化建设的意见、建议和要求，客观公正地对自己进行评估，从中找出问题和不足，不断改进和加强公寓文化建设的具体措施，能优化公寓文化建设环境，促使公寓文化建设靠近或超越评估体系指标要求，更好地发挥公寓文化的育人效能。总之，上级考评和自身考评的有机结合，能促进上下联动、互相辅助、互相参照，更有利于评估结果的客观性和科学性。

高校要将定性评估和定量评估相结合。马克思主义认为，事物的质和量是辩证统一的，质是人们认识事物的基础，量可加深人们对质的认识。二者缺一不可，相互依赖、相互制约、辩证统一。公寓文化建设评估也是如此，公寓文化建设评估要坚持定性评估和定量评估相结合，增强评估的公正性、客观性和科学性，充分发挥专家分析和数据量化的重要作用。定性评估是指评估专家通过看资料、走访、座谈、实地考察、查看记录等形式，对获得的信息凭借自己的直觉、经验和智慧进行归纳和演绎、分析和概括、综合和提炼，对公寓文化建设情况作出的判断。定量评估是根据评估指标体系标准对公寓文化建设评估事先确定的各级指标逐一考核，运用问卷法和层次分析法等采集数据，用数据而不是用文字对公寓文化建设进行综合分析并作判断。但是，定性评估与定量评估缺一不可，相互依赖，定性评估往往带有评估专家的主观判断、个人好恶或情感因素等，要在定量评估基础上定性评估，促进评估的客观性和科学性。定量评估往往存在评估指标体系无法覆盖的范围，定量也就无法实现，从而存在评估缺憾。只有定性评估与定量评估互为补充，才能体现评估的科学性，定性评估是定量评估的前提，而定量评估使定性评估更加精准、科学。

高校要将资料评审和实地考察相结合。公寓文化建设评估要坚持实地评估和资料评估相结合，增强评估的互补性、契合性和一致性，充分发挥三维立体和平面支撑的互补作用。资料评审是上级主管部门组织评审专家，成立评估评审委员会，对高校提供的自评报告以及相应支撑材料，按照评估指标体系标准进行集中审议和讨论，是公寓文化建设评估不可缺少的环节。公寓文化建设自评报告是高校接受上级主管部门评估之前，对照评估体系标准，进行查漏补缺、及时完善，总结评价的书面汇报材料，具有汇报、提示和引导作用，向评估专家汇报学校的实力和取得的成绩，提示专家关注学校的特色和亮点，引导专家对学校产生良好的印象，更重要的是给予理想的成绩。实地考察是公寓文化建设评估的重要环节，仅看资料只能停留在表面，自评报告往往存在适当的夸大或不切合实际的吹嘘，不能深刻地反映公寓文化建设的真实情况。在实地考察过程中，要避免走马观花和以偏概全的错误倾向。只有实地考察公寓设施环境，认真听取领导的汇报，切身体验公寓文化氛围，随机与干部师生交流座谈，深入的问卷测评，耐心查阅原始资料等，才能了解公寓文化建设的现实，掌握公寓文化建设的第一手资料，弥补某些疏忽或遗漏，做出正确的判断，确保评估的科学。

高校要将单一比对和综合比较相结合。公寓文化建设评估要坚持单一比对和综合比较相结合，增强评估的系统性和完整性，以调动公寓文化建设的积极性和主动性。单一比对是指将评估体系指标中的某一项与同层次高校的比对或不同层次学校的比对，找出公寓文化建设的特色和问题根源，例如，针对某一项指标体系，本科院校没有专科院校做得好，问题就显而易见了，说明本科高校的领导重视不够，师生积极性没有被充分调动，师生的主体性参与不够等。综合比较是将某高校公寓文化建设情况对照评估体系标准进行纵向比较，又将其与其他同类高校进行横向比较，以及不同类型高校之间的差异比较，综合作出的判断。通过比较找到差距、找准不足、找出特色和优势，激励高校不断提升和完善公寓文化建设。

## （四）提升公寓安全管理的水平

安全问题，特别是学生社区的安全问题，一直是事关高校安全工作全局的一个核心问题。提升公寓安全管理的水平是保障学生的合法权益、实现高校育人目的的基础工作。近年来，高校认真贯彻落实国务院发布的《关于进一步加强安全生产工作的决定》，但也因为安全意识不强、制度不完善、管理工作不到位，发生了不少学校安全事故。高校学生大多数时间在学生社区内学习、生活，因此学生社区的安全成了当前学校安全工作的重中之重。与学生社区有关的安全工作主要有治安管理、消防安全、卫生安全和交通安全等。从各高校的实际情况来看，高校学生社区存在许多安全问题。

随着高校后勤改革的进一步深入，各高校基本实行了学生公寓化管理，而学生社区的管理也由传统的管理模式向后勤企业化管理模式转变。高校学生社区的安全保卫工作，不仅关系到学生的人身财产安全，而且关系到高校的稳定。高校不仅要充分认识学生社区安全保卫工作的重要性，而且要把学生社区的安全保卫工作作为社区管理的头等大事来抓。

（1）树立全局意识，注重沟通与协调，把思想工作深入到学生宿舍。首先，后勤服务公司与学生工作部门应进一步沟通与协调。学生良好的道德修养和文明举止的养成不仅要靠社会、家庭以及其他环境的影响，进入高校以后，还要靠思想政治工作，靠学生工作部门老师的辛勤劳动。因而在实际工作中，学生工作部门应加强学生的思想政治工作，把学生工作深入到宿舍，以确保学生公寓的稳定。

（2）加强对公寓管理人员的教育，严格落实岗位责任制。学生宿舍实行公寓化管理是高校内部管理改革的重要组成部分，符合学生的根本利益，有利于学校教育教学改革的顺利进行，有利于学生公寓的安全管理，有利于优化教育环境。因此，应彻底改变目前学生宿舍管理队伍中的"四多"（中老年人多、临时工多、文化水平低的人多、业务素质差的人多）状况，配备得力的专职公寓管理人员，把学生公寓的安全管理与服务、教育、卫生等方面的工作结合起来。建立健全各项规章制度，落实岗位责任制，落实治安责任制，更好地规范学生公寓管理人员的行为。

（3）大力加强学生管理队伍建设，增强工作责任心。要保证学生公寓管理的各项规章制度的落实，确保学生公寓的安全，光靠公寓管理人员是远远不够的，必须靠一支素质高、事业心强、忠于职守的学生管理人员队伍。这些人员要经常深入学生公寓，了解学生思想状况，解决学生的困难，这有利于学生公寓的安全状况得到根本转变。学生的业余时间大多数是在学生公寓里度过的，因此，一个称职的学生管理人员必须深入学生公寓，大力进行自我防范教育，提高学生的自我防范能力，增强其安全意识。

（4）加强素质教育，提高安全防范意识。加强学生的思想教育，要针对学生的特点和现在的学习情况，强化素质教育，加强和改进思想政治工作，引导学生树立正确的人生观、价值观、世界观，增强抵制腐朽思想的能力，弘扬中华民族的传统美德。学生中发生越轨行为和治安案件的情况表明，个别学生法制观念淡薄，有的自觉不自觉地违反了校纪校规，有的甚至以身试法，遗憾终生。而大多数学生安全防范意识差，使不法之徒乘机作案，因而要加强法制教育，增强学生的安全防范意识，使学生做到知法、懂法、不犯法。要坚持防火、防盗、防破坏、防治安灾害事故的"四防"教育，以提高学生的自我防范能力，这是确保学生公寓安全的基础。另外，加大安全保卫的投入，使"人防、技防、设施防"三位一体，形成强有力的校园防范网络。

（5）广泛开展安全教育，全面树立安全意识。在安全工作中，人是第一位的因素，所以人的安全意识更为重要。但人的安全意识不是生来就有的，高校必须对工作人员和广大学生进行安全教育。要在学生公寓采用多种多样的手段和形式深入开展安全教育，宣传安全法规，讲授安全常识，培养学生的安全意识。要经常性地张贴宣传画和标语，定期分主题进行安全形势讲座，增强学生的守法意识、安全意识和自我保护意识。要对公寓管理和安全保卫工作人员定期进行业务培训，本着对党和人民高度负责的精神，切实重视高校学生公寓的安全工作，真正做到警钟长鸣，牢固树立"安全工作无小事"和"安全责任重于泰山"的思想。

（6）加强学生公寓安全制度的建设，发挥职能部门和专业人员的作用。学生公寓安全管理要走规范化和专业化的道路，首先要加强公寓安全制度建设。要建立学生公寓安全事故责任追究制、安全工作分工负责制、安全工作部门联络制、疫情报告制等制度；要制定处理各种学生公寓安全事故的应急预案；要建立职责明确的职能部门，配备符合需要的专业技术人员。高校保卫处应全面负责学生公寓的安全管理工作，同时各栋公寓内高校后勤服务公司安排的保安及消防责任人应是本栋学生公寓安全工作的直接负责人。高校后勤服务公司的保安和学校保卫处工作人员应有明确的分工和良好的合作。

（7）加强安全设施建设，定期进行安全检查。许多高校学生公寓现有的安全设施，特别是消防设施是严重不符合规定的。各高校应按照相关规定在学生公寓里配置必备的安全设施，并定期进行检查、维修。职能部门要定期对学生公寓进行安全检查，对封堵和占用疏散通道、违章使用电器等现象进行清理整治，及时排除自检中发现的安全事故隐患，限期整改排查出的安全问题。

（8）加强"全员保安"意识，严格学生公寓安全管理。高校学生公寓的安全工作既要"物防"，也要"人防"，而且人的主观能动性对安全工作的影响更为明显。在人防方面，既要"专防"，也要"群防"，在充分发挥专门的职能机构与工作人员的作用的同时，还要在广大群众中广泛动员，进行"全员保安"。学生公寓安全管理工作要有有效措施，充分发挥辅导员、学生党员、学生干部的作用，建立健全的安全信息员网络，发现问题及时报告、及时处理。学生公寓安全工作要在保证"有法可依"的基础上，真正做到"执法必严"。对由于责任制不落实、管理不严、监督不到位引发的各种安全责任事故，要严肃追究有关领导和责任人员的责任。要加强对学生在公寓里的违纪行为的处分力度。要加强和当地公安机关的联系，严厉打击学生公寓中的各种违法犯罪行为。

另外，与高校学生公寓安全工作紧密联系的维护高校稳定工作也应引起高度重视。近年来，境内外敌对势力、非法组织等对高校进行破坏活动；一些高校因工程建设施工单位拖欠民工工资等问题引发民工到学校围堵聚集；随着高校办学规模的扩大及办学形式的变化，因教学质量、生活环境以及学历文凭等问题引发的事端时有发生；一些高校周边的治安隐患仍然存在。这些不稳定因素都有可能引发学生公寓的安全事故。所以，高校在搞好学生公寓的日常管理工作的同时，还要切实维护好学生公寓的稳定，给学生创造一个安全的学习和生活环境。

近年来，湖南城市学院以维护校园政治稳定和校园安全为首要任务，以提高"平安高校"建设规范化水平为重点，健全学校党委领导，保卫处主抓，部门联动、学院推动、全员参与的群防群治防控体系，强化思想引领，推进警校联动，加强群防群治，狠抓"六进"公寓，实现了"政治稳定、师生安全、秩序良好、发案减少、环境优美"的目标，2018年被授予"湖南省平安高校"荣誉称号，在平安校园建设方面做出了积极有益的探索。特别推进了警校联动，推行派出所办公场地进校园、消防演练进校园，扎紧了校园安全"防护网"。该校用制度筑牢高校校园安全屏障，先后制订出台了《湖南城市学院校园环境综合治理规定》《湖南城市学院校园道路交通安全管理规定》《湖南城市学院校园消防管理规定》《湖南城市学院突发事件应急预案》《湖南城市学院校级领导带队检查安全工作制度》《湖南城市学院综治考评办法》《湖南城市学院重大事项社会风险评估办法》等文件，创造性地实施了教师党支部、中层正职、学生党员骨干联系公寓等制度，形成了齐抓共管、群防群治的安全运行机制，从组织上、制度上、经费上保证了"平安高校"创建活动的有序开展。

# 四、推动公寓文化融入学生日常实践

学生公寓文化的构建，离不开公寓文化的主体——大学生自身的参与。要想建设好公寓文化，除了完善的硬件条件和高素质的公寓管理队伍，高校还必须强调学生自身在公寓文化构建中的重要角色。强调大学生自身在建设公寓文化过程中的重要作用，就是肯定学生自身的主观能动性。从公寓文化的自主性可以看出，大学生所追求的是独立的人格和尊重自身个性的发展。在这种前提下，让大学生在公寓进行自我管理和自我教育，有利于良好公寓文化的形成。通过自我管理和自我教育，可以使大学生过度的自我意识得以纠正，并在尊重大学生个性发展的同时，强调集体的协作精神，加强大学生的责任感。

## （一）丰富公寓文化活动的内涵

丰富多彩的公寓文化活动可为学生营造健康高雅的公寓文化氛围，并能培养学生的独立自主和自我控制管理能力。通过在公寓内开展各种竞赛评比活动，比如公寓风采大赛，益智、体育类比赛等，可增进同学之间的交流，提高学生的交际能力，还能让学生的体魄得到锻炼，情操得以陶冶。同时可以举办大型的公寓文化节，营造宿舍文化氛围。通过一系列活动，让学生在活动中相互学习，相互激励，抵制消极腐朽思想的传播，抵制低俗文化和非理性文化的蔓延，达到育人的目的。

生活中有些关于体验学习的例子，如游泳、骑自行车、开汽车等，如果老师要教会学生这些技能，光讲理论，不让学生体验，不管讲得多么精彩，多么高深或富有哲理性，学生仍然学不会。受这些生活中的例子启示，高校不管在教育过程中还是在文化建设过程中，都要注意到体验是一种无法替代的方式，因为过程的作用在某种意义上超过结果的作用。基于此，高校应专门设计一些学生为主体参与的互动式文化活动，让学生在体验中成长成才。

调研发现，高校学生最感兴趣的公寓文化建设方式是参与文化活动。以学生公寓为阵地，以教师为指导，以学生为主体，组织学生开展丰富多彩、高格调、高品质的公寓文化活动，通过一系列丰富多彩的活动，可以提高学生公寓的文化品位和楼幢成员、公寓成员的凝聚力，丰富大学生的校园文化生活，浓厚公寓文化氛围，加强学生文明修养，陶冶学生情操，营造良好的育人氛围。公寓活动不能限于简单的娱乐活动，要在内容、途径、形式上不断创新，充分发挥育人的功能，满足不同个性、特长的学生发展的需求。以公寓为阵地的第二课堂建设，由公寓管理部门负责，开展公寓文化节、冬季安全月活动，举办公寓吉尼斯、公寓安全知识竞赛、公寓装扮打扫、荧光夜跑等活动，促进公寓间交流，加强人际互动，提高公寓凝聚力。多途径开展朋辈教育，如公寓小讲堂、公寓生活技能指导等活动，为学生发展提供舞台。以公寓为单位，鼓励学生积极参加院校的各类活动。搭建师生员工可以共同参与的活动平台，如开展体验值班员活动，让学生参与公寓值班员的值班、保洁等工作，体验他们的辛苦，培养学生吃苦耐劳的品格。开展各类优秀评比，如文明公寓评比、优秀公寓长评比等活动，发掘优秀典型，树立榜样，激励先进，鼓励后进，充分发挥优秀公寓、学生的先锋模范作用，形成"你追我赶树先进"的积极公寓氛围。凝练公寓文化品牌。为了与市场接轨，进一步推进公寓文化活动的育人效用，公寓文化要走向品牌建设，从而推进长效机制的形成，为公寓文化发展寻找空间。一方面公寓文化品牌的建设要特色鲜明，富有公寓的特点，与学生在公寓内的学习、生活等息息相关，要让学生有参与感，并且要体现时代特征和地域特色，要结合校园文化的特色和内涵，不断地创新形成本校公寓文化独特的风格。另一方面要有延续性，有可传承的内涵、相对可以延续的形式。高校已经开展较多的公寓文化活动，但这些文化的内涵值不值得深化，形式是否可以进一步创新，需要进行仔细的甄别与凝练。公寓文化品牌可以进行项目化管理，使内容落到实处，更易于传承。当公寓品牌文化被师生认可并接受后，公寓品牌文化的育人效果会越来越明显。

## （二）发挥公寓文化的思政育人功能

学校的意义在于培养学生成为符合社会要求的、能对社会做出贡献的全面发展的高素质人才。学生在学校不只是学习知识，更重要的是养成良好的品德。一个具有良好品德的人才会对社会作出贡献，才会将自己所学用到对社会有益的地方。在学生公寓文化的建设中也应该着重于这一方面。学生公寓是大学生在校学习期间重要的学习、生活、交流、休息的场所，对大学生高尚的思想品德形成、道德文明行为方式的养成、健康的生活方式的养成都有重要的意义，因此，学生公寓管理具有重要的思想教育功能。高校学生公寓的思想教育功能具体体现在以下几个方面。

第一，引导大学生的正面教育，促进大学生的道德修养和文明习惯的养成，培养大学生的健全人格。大学生道德修养水平和文明习惯的养成是一个长期的过程，也是家庭教育、学校教育和社会教育三位一体的系统工程，以往学校的思想品德教育往往只停留在课堂教育的层面上，重德育知识和德育理论的灌输与说教，忽视学生道德行为的培养和道德习惯的养成。在新的社会条件下，高校应该时刻注意高校德育载体的创新，所谓的德育载体是指德育教育中能够承载并且传递德育内容的途径、方法和手段，它可以起到连接教育者和教育对象的桥梁作用。高校德育的载体创新应在继承经过实践检验行之有效的传统载体的基础上，增加文化载体、活动载体、管理载体、网络载体、环境载体等，良好的公寓环境就是学生德育的重要环境载体。

第二，培养大学生人际交往和团结合作能力。当代大学生大都是独生子女，与人合作的能力在很大程度上欠缺，但是这种能力会直接影响将来的工作和事业，所以要不断锻炼学生的人际交往能力，便于走上社会岗位后尽快适应工作需要。学生公寓是来自不同年级、不同专业的同学，他们有着不同的性格、脾气、观念、爱好、志趣和思维方式，客观上为学生相互交往、接触社会提供了平台，在接触的过程中，多少会发生矛盾和纠纷，如何处理好这种矛盾和纠纷就是学生公寓提高学生交往能力的过程。在复杂的环境下，学生逐渐学会与各色人群进行沟通交流，并且能够做到与他人和平共处，相互学习，互相促进，加速学生社会化的过程，锻炼出良好的人际交往能力。

第三，充分发挥学生的主体性作用，增强学生的独立意识，提升自我管理能力。按照马克思唯物辩证法的观点，外因是事物发展变化的条件，内因才是事物变化的根据。在教育的过程当中，学生是学习的主体、是教育的承受者，要让学生学会把别人传授的知识变成自己的知识储备，学会独立思考问题，进行自我管理，而不是一味地听从和遵照。要发挥学生主体性作用，塑造出独立、有思维能力的当代大学生。在学生成长的过程中陈述性知识主要是通过传授来获得，各种素质主要通过后天培养造就的，能力则是各种思维整合的技能过程，这个过程很难通过单纯的课堂教学来完成，必须多管齐下，锻炼大学生的独立自主意识，充分发挥学生的主体性作用，提高大学生的自我管理能力。

近几年来，高校毕业生就业难的问题一直存在，在就业的过程中用人单位特别强调学生的综合素质、社会经验、实践能力和心理素质，非常看重应聘者是否具有良好的处理人际关系的能力、快速适应岗位需要的能力和团队精神，上述能力的培养需要特定的环境和条件，而学生公寓创造了学生独立处理各种事务的平台。比如，随着后勤社会化改革的逐步进行，大学生公寓在改善学生居住环境和条件的同时也使学生面对住宿费、生活费增加的现实；学分制的实行使得学生出现同班不同舍，同舍不同班的现象，学生必须学会和更多的、各种不同性格、脾气、爱好的同学和谐相处，锻炼自己的沟通能力、处理人际关系的能力。另外，学生在公寓的行为，以自主性居多，这为培养学生的自我管理能力提供了契机，在这个环境中逐步学会自我教育、自我管理、自我服务。同时学生从思想上把公寓当成自己的家来看待，对日常公寓管理积极参与，热情很高，锻炼自己的管理能力。

湖南城市学院在推进自我管理进公寓工作中，构建了完备的自我管理教育体系，全覆盖成立学生会、楼栋长、公寓长、信息员四级自我管理教育机构。同时为使自我管理不脱轨、更有效，还充实配强了"四类"管理队伍。学工部门、后勤部门、物业公司紧密协同，统筹配置好生活指导服务类、网络舆情监控类、公寓安全维护类、文明行为监督类队伍。

## （三）创新学生自治管理模式

公寓文化建设是一项复杂的系统工程，要求有强有力的专门组织。因此，高校成立了由校领导为主任的学校公寓管理委员会。为了最大限度地调动学生的参与性与自主性，满足体验式文化建设路径的实施，同时成立了公寓管理委员会学生组织。在管理职能上，学校公寓管理委员会主要发挥引导、顾问、辅助、监督等作用，公寓文化建设相关事项，交给公寓管理委员会学生组织完成。

高校在实践中发现，学生自主报名参与公寓学生组织，有参与公寓管理的热情。但学生组织的自身能力有限，参与自我教育的深度不够，主要从事公寓卫生检查、安全巡查等简单的事务。这些相对固化的工作，不能够促进学生的积极性，固化了学生的思维。学校要发挥学生的主观能动性，鼓励学生自我创新，并由专业的老师对他们进行培训，组织他们参与各类学习，并制定相应的考核办法，不断提升他们的力量，让他们成为学生公寓自我教育的典型，而不是简单的事务工作者。在公寓文化建设的实践中，要不断吸收学生新的观念和想法，不断探索引导学生创新发展的新平台，挖掘学生的创意，发挥他们的想象力，让他们自己考虑想要什么样的公寓文化，提供场地、经费等支持他们去开展。学生创新的理念得到认可，自主选择的公寓文化建设理念得到落实，学生的认同度、参与度会更高，公寓文化建设的效果也会更明显。

高校公寓学生自治主要包括两方面的内容：一是对公寓事务的参与，二是对学生本身事务的自行处理。前者针对与学生相关的事务，即学生作为公寓的一分子，处理公寓管理中所分担的权利与义务。后者主要是学生的结社权，即由学生自治团体，统合学生间各种不同的意见，并确立立场，处理学生事务及争取学生的权益。

### 1. 健全和完善公寓化的学生自治机构

高校公寓化的学生自治体制，其主体是学生，必须充分发挥他们的作用，使他们直接参与公寓管理服务，在管理实践中不断得到锻炼和提高。要做到这点，首先必须组成运转正常的学生自我管理机构，并给予一定的经费保证，使学生的自我管理制度化、常态化。这些机构应包括：（1）学生公寓自律委员会。他们可以较好地起到桥梁作用，及时地把学生在宿舍的表现向学校的有关教师反映，也可以把学生的心声带给公寓管理者；（2）学生评议联席会；（3）楼长、室长制度等。可以让党员在公寓挂牌，并加强与他们所在院系的联系，促进他们不断地鞭策自己，起到带头作用；（4）建立公寓"朋辈心理辅导服务机构"。由经过心理学专业培训的朋辈辅导员面向学生提供生活、人际、学习等各类心理辅导服务，消除学生中的心理隐患，同时自身获得健康成长。这些自律组织成员可以通过协助公寓管理人员开展宿舍检查、公寓文化建设、宣传教育、基础文明监督、维护学生权益等日常工作，成为公寓文化建设的主力军。在实际运行过程中，这些自治机构还可以根据实际需要进行补充和改变。此外，公寓中的生活设施，如医院、餐厅、银行、邮局等，也应该给予学生机会让他们参与服务和管理。

### 2. 建立有效的监督管理体制和考核体系

学生自治机构建立后，要有效地运转，还必须建立科学合理的监督管理体制和考核体系。只有让学生和管理员互相监督、互相制约，才能充分调动学生参与公寓管理的积极性。首先，住宿的学生与公寓之间签订一定形式的契约。即申请住宿的学生，必须与公寓订立住宿合同，明确双方的权利和义务，这样既有利于矛盾的解决，也有利于培养学生的法律意识和公德意识。其次，完善学生在公寓内的考核体系，明晰奖惩规则，对自治机构的主要学生干部、学生骨干进行定期考核，机构里的成员参与自治也应进行一定的量化评比和激励。如在宿舍自治和管理中，改变单一的宿舍评分制，建立舍间负责制，通过两个宿舍之间相互监督、相互负责、利益挂钩的互制互动行为，既能改变个别宿舍对宿舍规章制度的熟视无睹，营造良好和谐的宿舍氛围，又能激发学生自我管理，互相监督。考核结果要与学生评优、奖学金评定、优秀班集体评比等联系起来，使自治逐渐变成大学生自觉、自发的一种需要。

### 3. 以丰富多彩的文化活动为载体，激发学生自治热情

高校要以公寓为主阵地，开展丰富多彩的文化活动，营造健康、热烈、积极向上的公寓文化氛围，可以充分调动学生的主观能动性，挖掘他们的创造潜力，激发他们的自治热情。公寓管理人员应多做一些引导，多创造一些条件，多搭建几个平台给学生，将学生的日常管理发展为长效管理，达到学生和学校的双赢。在实践工作中，可以通过开展"雅室评比"、"宿舍文化节"、"公寓文化小报制作比赛"、小论文竞赛、演讲比赛、宿舍网页设计大赛等活动，多方面全方位展开宣传攻势，想方设法取得广大学生理解、支持和配合，吸引学生主动参与园区的管理工作，促进学生自我管理。例如，在宿舍的自治中，可以通过开展宿舍风采、特色交流等集中体现宿舍集体荣誉感的活动，建立谁值周谁负责、定期进行宿舍管理效果评比的值周舍长制。这样既能加强学生在宿舍这个模拟社会中的主人翁意识，加深宿舍责任感，又能够使每个成员在集体教育和自我教育、集体管理和自我管理的相互促进作用中获得锻炼。同时，以各个学生社团为依托，在公寓区建立各类体育活动室、英语角、校园红色网站等。这样既可以丰富学生的课余文化生活，培养学生的兴趣爱好，又可以锻炼学生各方面的能力，提高其综合素质。常态性开展"卫生标兵公寓""文明公寓""民族团结示范公寓"等评选活动。上述活动参与对象为所有在校学生，至于学生是否参与，不是通过强迫手段，而是采用引导、动员的工作方法。在

整个活动过程中，以学生为主体开展相关工作，公寓管理委员和工作人员只是当参谋助手，其活动组织机构的设立，相关制度的制定，评分评选程序的设定，评价体系的构建等全由学生组织负责。

### 4. 对学生的自治给予一定的帮助和引导

学校的支持是公寓学生自治的有力保障。在高校公寓学生自治中，高校并不是完全否定教师和专门学生工作人员对学生进行管理的重要作用，只是更强调这些管理应是帮助和引导型的，而不能是强迫、压制型的，即管理者应该坚持以学生为本，关心关注学生的发展，把每个学生当作平等的一分子，站在学生的角度设身处地为他们着想，尊重学生，接受学生富有建设性的建议，适时、适当地给予必要的帮助和指导，从而达到学生自我管理的目的。如高校管理者可设立"主任接待日""宿管咨询日""宿舍开放日"等，定期倾听学生的意见，做到有访必录，有信必复，件件有回音，事事有着落。对学生提出的一些好的建设性意见与建议，除了立即采纳外，还给予相应的奖励，鼓励学生自我管理，做公寓的主人；在公寓设立宣传橱窗、板报、提示牌、物业管理意见箱，发放各种宣传材料入公寓，定期解答公寓学生关心的问题，引导学生正确进行学生公寓自治管理。通过这样的一些引导和帮助的方式，学生自觉地进行自我思想转化和行为控制，努力实现"管理就是为了不管理"的最高目标，达到实施"学生自治"效果的最优化。

# 五、打造公寓特色文化

## （一）打造幸福温馨的"家"文化

要竭力树立以人为本的幸福文化构建意识，打造公寓温馨幸福"家"文化。何谓公寓幸福文化？一句话概括就是学生和公寓管理人员在精神、制度、物态、行为、氛围等方面的幸福感所体现的整体状态，这也提示公寓最基本的特性是其文化属性。事实上，理想的幸福公寓必定是蕴含幸福文化的空间，应该是大学生成长的乐园、启智的学园、精神的家园。以人为本的根本目的在于对人性的唤醒和尊重，最广泛地调动人的积极因素，最充分地激发人的创造活力，最大限度地发挥人的主观能动性。高校幸福公寓文化培育的基本目标是使学生个体都有健全的人格、正确的价值观和理性的行为方式，并在此基础上和谐发展。由此，要做到坚持以人为本，就是要把关心人、理解人、尊重人、培养人放在首位，要以学生发展为本，处理好高校发展与学生发展的关系，强化学生在公寓文化建设中的主体地位。通过各种快乐、和谐的公寓文化的表现形式，使学生对公寓倡导的幸福文化理念从心理上主动接受，在行动上自觉践行，努力创造一种生动活泼、幸福快乐的文化氛围，使学生真正成为公寓文化建设的积极参与者和公寓幸福文化的受益者。

高校学生公寓要建设幸福文化，管理就必须规范化，制度就必须健全化与人性化。公寓管理文化是培育高校幸福公寓文化的保障条件之一，它是公寓文化价值观及规范准则的外在表现。公寓管理文化培育的目标是使高校在管理方面有法可依、有章可循、违规必究。加强公寓管理文化培育，最重要的就是要把政策导向和价值导向有机地结合起来，既要注重效率，更要注重公平，努力创建公平有序、平等竞争、统筹兼顾、协调发展的良好的制度文化平台，以制度规范行为，以制度协调利益，以制度保障幸福。当然，我们说规范管理并不是不讲人性、不讲情感，正好相反，规范的制度与管理是必须讲究情感与人性的。公寓的管理要坚持情感管理，注重人文关怀，同时，兼顾到学生与管理员工的双重感受。

## （二）建立形式多样的服务育人文化

一是成立学生组织，设有楼长、层长职位，由学生处、公寓管理科共同指导，协助公寓管理科执行服务、宣传、管理等工作，落实同学提出的合理建议和要求，充分调动大学生在服务育人过程中的主动性、创造性和积极性，有效地将"为我服务"转变为"自我服务"。组建"学生督察员队伍"，成员由各学院生活部骨干组成，负责监督学生公寓服务工作的开展情况，促进学生公寓服务质量的提升。学生服务体系的完善最大限度地增强了学生工作的主动性、时效性与针对性，学生在住宿过程中出现的问题得到有效解决，诉求得到迅速回应，建立起"公寓管理科—学生公寓—学生"的服务体系。"学院—学生公寓—学生"与"公寓管理科—学生公寓—学生"的双重服务体系的建立，有效提高了学生的服务效率，达到体系服务育人的目的。

二是吸引学生参与，丰富公寓文化内涵。开展"最美宿舍""最美阿姨"评选，组织"垃圾分类""变废为宝""宿舍装饰"大赛等公寓文化建设系列活动，展现学生公寓服务育人的初心，践行构建优雅住宿环境的使命，增强学生在公寓中的获得感和信服感。组织"角色互换""毕业生送祝福"等活动，让学生骨干参与学生公寓日常事务管理，使学生深刻体会到学生公寓各项管理制度的必要性。为各学生公寓入口处安装 LED 显示屏，大厅内制作宣传栏，保障学生及时获取校发通知、就业、考研等相关信息。公寓走廊内悬挂学校各类大型活动照片以及学生的绘画、摄影等作品，打造出文化长廊，增强学生的主人翁意识。张贴七步洗手法、垃圾分类指南、传染病预防指南等，让生活常识悄无声息地融入学生生活。

## （三）强化个性鲜明的管理育人文化

伴随着经济发展和信息爆炸，学生对于公寓管理服务水平的要求也大为提高，这对于后勤工作人员是一项极大的挑战，同时也是深化管理育人的良好时机。通过不断优化对话机制，实现公寓工作人员与学生之间的良性高效沟通，探索自主化管理、现代化管理，实现管理育人。一是建立有效的沟通服务机制。建立定期调研制度，通过发放调查问卷、定期座谈会等方式，在师生中形成良好的调研氛围，使生活中出现的问题能及时反馈至后勤管理层；建立学生代表参与后勤公寓管理制度，采取自愿报名和学委会选派代表等方式，每学期初选取学生代表定期走进后勤公寓，直接参与后勤公寓工作，体验公寓工作氛围和相关工作流程，进而有针对性地提出公寓管理服务中存在的问题，培养其主人翁意识。二是实现公寓管理现代化。利用信息化手段，建立新生选房系统，让新生自己选择宿舍和床位，简化新生报到流程，彰显育人新途径；建立网上报修平台，足不出户就能实现网上报修，且能直观看到维修进度，并对维修行为进行评分。同时，通过报修平台后台数据的分析，对学校各项设施使用率、报修率等有更直观的体现，有利于今后更好地服务学生。三是建立网上投诉平台和热线。通过即时通信，对生活中临时出现的问题及时反馈。

# 参考文献

［1］习近平. 决胜全面建成小康社会　夺取新时代中国特色社会主义伟大胜利：在中国共产党第十九次全国代表大会上的报告［M］. 北京：人民出版社，2017-11.

［2］王瑛. 高校学生管理创新模式研究［M］. 长春：吉林大学出版社，2016.

［3］李熙. 互联网+时代高校学生管理模式的转变及创新［M］. 长春：东北师范大学出版社，2016.

［4］王晓红，等. 基于公寓文化建设的大学生思想政治教育［M］. 北京：国防工业出版社，2015.

［5］杜安国. 中国高校后勤社会化服务创新研究：协同创新与体系重构　基于多功能文化食堂的探索与实践［M］. 北京：经济科学出版社，2014.

［6］冷志勇. 国内外高校学生公寓主要管理模式及经验启示［J］. 教育教学论坛，2018（44）：10-11.

［7］代赛慧. 耶鲁大学的"精神家园"：住宿学院详述［J］. 林区教学，2018（04）：19-20.

［8］国防大学中国特色社会主义理论体系研究中心. 推动物质文明和精神文明协调发展［J］. 求是，2017（3）：12-14.

［9］赵润红. 高校学生宿舍人际关系冲突应对机制调查研究［J］. 产业与科技论坛，2017，16（22）：242-243.

［10］吴娱，陈纲. 当代大学生公寓功能配置研究［J］. 建筑与文化，2016（1）：117-119.

［11］叶青. 高职院校学生公寓服务育人的困境及对策探析［J］. 中国多媒体与网络教学学报（中旬刊），2021（11）：182-184.

［12］沈文明. 网络文化对高校学生公寓管理的影响研究［J］. 常州信息职业技术学院学报，2020，19（4）：66-68.

［13］李勤. 基于大数据环境下高校学生公寓文化育人现状调查分析及路径思考：以江南大学为例［J］. 知识窗（教师版），2020（7）：65.

［14］李梦扬，徐啸笑. 绿色校园视阈下的高校学生公寓育人路径研究［J］. 高校后勤研究，2020（6）：28-30，33.

［15］宋玉红. 心理健康教育融入高校公寓管理的途径研究［J］. 科教导刊（下旬），2020（12）：176-177.